Cécile Amarger | Lucie Mauffrey

111 Lieux en Franche-Comté à ne pas manquer

Avec des photographies d'Étienne Kopp

emons:

© Emons Verlag GmbH
Tous droits réservés
Crédits photographiques : © Étienne Kopp. Chap. 20, André Beaudin,
Chemin (bois blanc) (1968) © Musée d'Art moderne – Donation Maurice Jardot
Couverture : © mauritius images/Ncphoto/Alamy
Mise en page : Editorial Design & Artdirection, Conny Laue, Bochum,
d'après un concept de Lübbeke | Naumann | Thoben
Cartographie : altancicek.design, www.altancicek.de
d'après OpenStreetMap
Impression et façonnage : Grafisches Centrum Cuno, Calbe

Conformément à une jurisprudence constante (Toulouse 14.01.1887),
les erreurs ou omissions involontaires qui auraient pu subsister dans ce guide,
malgré nos soins et les contrôles de l'équipe de rédaction, ne sauraient
engager la responsabilité de l'éditeur.

Achevé d'imprimer en 2021
Édition originale
Dépôt légal : juin 2021
ISBN : 978-3-7408-1053-5

Avant-propos

« Comtois, rends-toi ! Nenni ma foi ! » La devise de la Franche-Comté montre toute la détermination de ses habitants à préserver leur bel écrin. Bordée notamment par la Bourgogne et l'Alsace, la Franche-Comté a su garder une identité forte, une beauté sauvage et des savoir-faire légendaires. À travers ce guide, vous découvrirez ce patrimoine – qui charme tous ceux qui posent un pied dans la région – sous ses différents aspects : artistique, historique ou encore industriel. La région a connu une histoire mouvementée, à découvrir au gré de lieux de mémoire importants, qui retracent son passé minier, sa maîtrise des techniques agricoles ou sa relation avec l'esclavage. Mais que serait cette région sans la force que dégagent ses paysages, ses grands espaces naturels, ses réserves protégées, ses lacs, ses tourbières, ses montagnes ? La Franche-Comté est aussi une terre de légendes qui se transmettent de génération en génération – à vous de les découvrir dans ce livre et de les transmettre à votre tour.

Et si les terres franc-comtoises ont vu naître des personnages extraordinaires comme Victor Hugo, Louis Pasteur ou Gustave Courbet, elles ont également fait émerger des personnalités plus méconnues, tel le peintre Émile Isenbart, dont les paysages nostalgiques émeuvent jusqu'aux plus solides Francs-Comtois.

Aujourd'hui, ce sont des passionnés qui tiennent entre leurs mains l'avenir de la région en continuant à transmettre les savoirs qui ont fait sa renommée, à l'image des métiers de la forge, du bois ou de l'horlogerie. Les artistes ne sont pas en reste, puisqu'ils mettent en valeur l'inventivité des habitants par des moyens classiques – la peinture, le street art, l'imprimerie – ou par des moyens plus étonnants comme la fabrication de globes terrestres, d'instruments de musique ou la création de tiers-lieux. Que vous soyez passionné d'art urbain, de gastronomie, d'animaux étranges et sauvages ou de randonnées en famille, vous trouverez votre bonheur dans ce livre… mais surtout dans cette région !

111 Lieux

1___ Le sentier du Loup-Garou | Amange
     Prêt à marcher sur les pas du loup-garou ? | 10

2___ La source du Planey | Anjeux
     De mystérieuses eaux turquoise | 12

3___ Le Bistrot de la Tournelle | Arbois
     Déjeuner bucolique au bord de l'eau | 14

4___ La maison Pasteur | Arbois
     Une plongée dans l'univers du plus grand chercheur | 16

5___ La tour Gloriette | Arbois
     De la lithographie dans un lieu historique | 18

6___ La saline royale | Arc-et-Senans
     Temple du sel et de l'architecture | 20

7___ L'église du Sacré-Cœur | Audincourt
     Une église aux étonnants vitraux | 22

8___ Les jardins aquatiques d'Acorus | Autoreille
     Trente ans de passion poétique | 24

9___ La croix du Dan | Barretaine
     La croix mystérieuse qui surveille la ville | 26

10___ Affiche Moilkan | Baume-les-Dames
     L'Art de jouer avec les mots | 28

11___ La forêt enchantée | Baume-les-Dames
     Trois balades en une | 30

12___ Clémentine Martinez | Bavans
     La nature comme inspiration | 32

13___ Le fort du Mont-Bart | Bavans
     Un plongeon dans l'histoire militaire de la région | 34

14___ La Caborde | Beaufort-Orbagna
     Étonnante aire viticulturelle | 36

15___ La Clé du Bastion | Belfort
     Creuser ses méninges comme Vauban | 38

16___ La fresque murale d'Ernest Pignon-Ernest | Belfort
     Une œuvre de rue bien avant le street art | 40

17___ Guitare Novo | Belfort
     Une guitare à double manche pour Slash | 42

18___ Il Était Une Fois | Belfort
     Une boutique à remonter le temps | 44

19 Jungle | Belfort
Une jungle urbaine pour se retrouver | 46

20 Musée d'Art moderne – Donation Maurice Jardot | Belfort
L'antre des peintres surréalistes | 48

21 Le Pochon Magique | Belfort
La petite maison végétarienne | 50

22 Le Vieux Garage-Café | Belfort
Du Québec à la France, du lave-auto au bar vintage | 52

23 Les cours et escaliers remarquables | Besançon
Tomber sur un trésor en poussant une porte | 54

24 Globe Sauter | Besançon
Tenir le monde entre ses mains | 56

25 Lulu, Muc et le Lapin | Besançon
Des produits locaux comme un héritage | 58

26 La maison de Victor Hugo | Besançon
La maison des combats | 60

27 La grotte de la tante Arie | Blamont
La mère Noël du pays de Montbéliard | 62

28 La brasserie La Rouget de Lisle | Bletterans
Des bières aux airs de Marseillaise | 64

29 L'escargotière des Chênes | Champagney
Des escargots, mais pas que | 66

30 La Maison de la Négritude | Champagney
Des Comtois pionniers des droits de l'Homme | 68

31 Le camp de César | Chariez
Des rochers à la vue panoramique | 70

32 Les échelles de la mort | Charquemont
Sur les traces des contrebandiers | 72

33 Le Grand Méandre de Charencey | Chenecey-Buillon
En prendre plein la vue | 74

34 Le café-brocante du château | Colombier
Pour l'amour des vieux objets | 76

35 Le cirque de Consolation | Consolation-Maisonnettes
Lieu naturel propice à la sérénité | 78

36 Le moulin de Courtelevant | Courtelevant
Apprendre à faire de la farine à l'ancienne | 80

37 La grotte de Cravanche | Cravanche
Un trésor maintes fois oublié | 82

38 Les bisons du Sachuron | Damprichard
Les bisons du Doubs | 84

39 — La madone de Dampvalley | Dampvalley-lès-Colombe
Curiosité cachée en pleine campagne | 86

40 — Le café-épicerie de la gare | Delle
Un début de voyage appétissant | 88

41 — Le rucher de Saint-Desle | Esprels
Des abeilles à l'hydromel | 90

42 — Le gouffre de Poudrey | Étalans
Sons et lumières dans les entrailles de la Terre | 92

43 — La forge-musée | Étueffont
Plongée dans l'histoire de la forge et des forgerons | 94

44 — La ferme-musée du Montagnon | Fournets-Luisans
Le charme d'antan d'une ferme du Haut-Doubs | 96

45 — Le Pré Oudot | Fournets-Luisans
Maison d'illustres Francs-Comtois | 98

46 — Le sentier des Mines | Fraisans
L'histoire d'amour de Fraisans | 100

47 — Le Sabot de Frotey | Frotey-lès-Vesoul
Le rocher à la forme d'un sabot | 102

48 — Le théâtre à l'italienne | Gray
Trésors visibles et trésors cachés | 104

49 — Le musée de la Montagne | Haut-du-Them-Château-Lambert
Dans le quotidien de nos aïeux | 106

50 — Le fort du Mont-Vaudois | Héricourt
À l'intérieur d'un fort de défense | 108

51 — Le Coni'fer | Les Hôpitaux-Neuf
Montez dans la locomotive du passé | 110

52 — Le château de Joux | La Cluse-et-Mijoux
Perle de patrimoine et prison d'État | 112

53 — La fonderie Obertino | Labergement-Sainte-Marie
La dernière fonderie de cloches de France | 114

54 — Le belvédère des Quatre Lacs | Le Frasnois
Un paysage aux mille teintes turquoise | 116

55 — Port-Titi | Les Grangettes
Dépaysement garanti au bord du lac de Saint-Point | 118

56 — La maison de la Vache qui rit | Lons-le-Saunier
L'histoire vraie de la célèbre vache rouge et blanche | 120

57 — Cœur d'Art Tea Chaud | Lure
Tant de passions réunies dans un ancien bureau d'octroi | 122

58 — Les Écuries | Lure
Quand les artistes investissent le cœur de Lure | 124

59 — La tour des Échevins | Luxeuil-les-Bains
Musée historique et bâtiment classé | 126

60 — Le parc à l'anglaise de la Cude | Mailleroncourt-Charrette
Un jardin de passionnés qui éveille vos sens | 128

61 — La Ferme aux Lamas | Mamirolle
Attention, animal sauvage ! | 130

62 — Le théâtre gallo-romain | Mandeure
Marchez sur les pas des Romains | 132

63 — Le prieuré de Marast | Marast
Quand l'histoire rencontre la culture | 134

64 — La ferme Ligny | Melin
La mozzarella made in Haute-Saône | 136

65 — Le Domaine de la Patte d'Oie | Mélisey
Un moment hors du temps au bord de l'eau | 138

66 — Le sentier karstique du Grand Bois | Mérey-sous-Montrond
Une plongée dans l'histoire de la roche | 140

67 — Le tuyé de Mésandans | Mésandans
La Franche-Comté dans votre assiette | 142

68 — Le Regardoir | Moirans-en-Montagne
Dîner avec vue | 144

69 — Les grottes des Moidons | Molain
Être au cœur de la terre | 146

70 — Le Chat Toqué | Montbéliard
Bienvenue chez grand-mère | 148

71 — Sur les traces de Georges Cuvier | Montbéliard
Le plus connu des Montbéliardais | 150

72 — L'arboretum de Montbéliardot | Montbéliardot
Entre forêt et conte de fées | 152

73 — La république libre du Saugeais | Montbenoit
Une république au cœur de la région | 154

74 — La biscuiterie Montbozon | Montbozon
Le dessert préféré du roi Louis XVI ? | 156

75 — Le musée de la Pince | Montécheroux
Un art reconnu dans le monde entier | 158

76 — Le Meix Lagor | Montlebon
Quand un studio de tournage s'installe dans le Doubs | 160

77 — Le musée de l'Horlogerie | Morteau
Cinq siècles d'histoire de la mesure du temps | 162

78 — Le château troglodyte | Nans
Une vue imprenable sur Nans et sa vallée | 164

79 — Le musée de la Taillanderie | Nans-sous-Saint-Anne
L'âme des artisans d'autrefois | 166

80 — Sur les pas d'Isenbart | Noël-Cerneux
Une randonnée pour découvrir un peintre local | 168

81 — Le château d'Oricourt | Oricourt
Une plongée dans le Moyen Âge | 170

82 — Les sentiers de Courbet | Ornans
Dans l'œil du peintre | 172

83 — La verrerie La Rochère | Passavant-la-Rochère
50 nuances de verre | 174

84 — Le musée de la Cave de la ville haute | Pays-de-Clerval
Un bond dans le passé du village | 176

85 — La Planche des Belles Filles | Plancher-les-Mines
Une station pour tous les sportifs ! | 178

86 — La route de l'Absinthe | Pontarlier
Suivez les pas de la fée verte | 180

87 — Le chemin des savoir-faire | Ravilloles
Tout le savoir-faire jurassien en se promenant | 182

88 — Les grottes d'Osselle | Roset-Fluans
Les grottes aux nombreux records | 184

89 — L'Arrosoir | Rougemont-le-Château
Le paradis des chantepleures | 186

90 — Les prisons royales de Saint-Amour | Saint-Amour
Les geôles des contrebandiers | 188

91 — Les caves à Comté du fort de Saint-Antoine | Saint-Antoine
Quand un fort militaire se la joue affineur fromager | 190

92 — La ligne des hirondelles | Saint-Claude
Embarquez pour un voyage tout en hauteur | 192

93 — La pipe de Saint-Claude | Saint-Claude
Perle du Jura enclavée dans les montagnes | 194

94 — La tourbière de la Grande Pile | Saint-Germain
Un écosystème unique en Haute-Saône | 196

95 — Le Conservatoire de la cité du meuble | Saint-Loup-sur-Semouse
Des chaises par milliers | 198

96 — La Scierie | Salins-les-Bains
Dormez dans une ancienne scierie | 200

97 — Le Téméraire | Salins-les-Bains
Une spécialité courageuse ? | 202

98 — Le puits de la Brême | Scey-Maisières
Curiosité karstique du Doubs | 204

99 — La ferme des Boulingrins | Scey-sur-Saône
Château, roulotte et wallabies | 206

100 — Le Saut de l'Ognon | Servance-Miellin
La cascade à l'étrange forme… | 208

101 — La Fruitière 1900 | Thoiria
Apprendre à fabriquer un Comté à l'ancienne | 210

102 — Les sources d'Arcier | Vaire-Arcier
Une balade, 3 sources ! | 212

103 — La maison de Juliette | Valentigney
Le charme de l'héritage des Japy | 214

104 — La damassine | Vandoncourt
Apprendre la vie de la nature à tout âge | 216

105 — Le pont Sarrazin | Vandoncourt
L'arche mystérieuse au temps des Sarrasins | 218

106 — La chapelle Sainte-Anne | Vellefaux
La Vierge emprisonnée dans l'église | 220

107 — L'eau de source de Velleminfroy | Velleminfroy
L'eau vertueuse que le monde entier s'arrache | 222

108 — La Motte de Vesoul | Vesoul
La tour Eiffel des Vésuliens | 224

109 — Le MUR et l'ECAU | Vesoul
Boosteur de création artistique | 226

110 — The Coffee Song | Vesoul
Un lieu, deux passions | 228

111 — Le lac d'Antre | Villards-d'Héria
Surplombez les vestiges antiques du passé | 230

AMANGE

1 Le sentier du Loup-Garou
Prêt à marcher sur les pas du loup-garou ?

Il existe un village, dans une contrée nichée au fin fond du Jura, qui cache une vieille légende. Tout le monde connaît le terrifiant personnage du loup-garou, celui qui fait frémir les enfants pendant l'histoire du soir. Eh bien à Amange, vous pouvez parcourir tout un sentier sur les traces, ou plutôt sur les pattes, du canidé. Il faut remonter au XVIe siècle pour connaître les prémices de cette étrange bête sauvage. On racontait alors que les petits enfants étaient enlevés puis retrouvés déchiquetés par une mystérieuse créature qu'on appelait loup-garou. Cette légende remonterait à une période de famine, pendant laquelle les familles étaient appauvries, sans ressources et vivaient dans une vallée appelée « la vallée des Anges »…

C'est un instituteur passionné, aujourd'hui maire, et un archéologue qui ont recensé dans les années 90 une bonne partie des archives à ce sujet et découvert des vestiges sur le sentier du Loup-Garou. Cette balade prend son départ au centre du village d'Amange, devant la maison rurale où une fresque peinte retrace la légende, de la chasse jusqu'à l'arrestation de la bête et sa condamnation sur le bûcher. L'histoire évoque d'un cas de lycanthropie unique en France : un habitant du village se serait transformé en loup-garou à la suite d'un mauvais sort et aurait tué quatre enfants. Vous découvrirez sur ce sentier le village, les bains douches, le presbytère ou encore le château, avant de vous enfoncer dans la forêt. Plusieurs panneaux explicatifs vous content d'autres légendes, mais vous informent également sur la faune et la flore. Vous apprendrez, entre autres, que le massif de la Serre est le seul en Franche-Comté à avoir un sol granitique.

La balade suit des sentiers forestiers bien aménagés, contourne ruisseaux, étang – endroits parfaits pour le pique-nique –, passe à côté des ruines d'un moulin à eau ou encore de l'ermitage de Saint-Bonnot, qui aurait été le repère du loup. Tous les ans une procession a lieu à travers le village pour célébrer la légende du loup-garou, procession qui se termine par une chasse au loup pour les enfants, à travers la forêt.

Adresse Rue du Stade, 39700 Amange, www.moissey.com/Lougarou.htm | **Accès** Prendre A39 sortie 6 Dole puis D905 et D10. Le sentier démarre devant la salle polyvalente, suivre les flèches de peinture bleue | **À savoir** Allez jusqu'à Vitreux découvrir l'abbaye Notre-Dame d'Acey, abbaye cistercienne aux vitraux modernes.

2 La source du Planey

De mystérieuses eaux turquoise

La Haute-Saône cache décidément bien des trésors : beaucoup de lieux inconnus valent pourtant le détour tant ils sont surprenants ! La source du Planey fait sans aucun doute partie de ceux-là, ainsi que de nos coups de cœur dans le département.

Avant de se diriger vers la source, il est bienvenu de visiter le village d'Anjeux, endroit étonnant, notamment à cause de son église du XVe siècle dotée d'un clocher déporté et de vitraux contemporains racontant l'histoire du village. Trois artistes, le peintre Pierre Brassard et les maîtres-verriers Christiane Cartignies et Michel Lieby, ont œuvré pour créer ces vitraux uniques. À l'aide de panneaux explicatifs, arpentez ce village hors du commun touché par les procès en sorcellerie au XVe et au XVIe siècle ; il aurait perdu près d'un quart de sa population après plus de 170 procès, menés souvent à la suite de délations. Une histoire forte et toujours profondément ancrée dans le cœur des habitants.

La source du Planey, située à l'extérieur du village, était supposée être le lieu de rassemblement des « sorcières ». Celle-ci est accessible via plusieurs randonnées, à pied, en VTT ou encore à cheval, mais le chemin principal sillonne la forêt sur 500 mètres avant de déboucher sur la source. On peut observer la particularité de ce milieu humide le long du sentier où se mêle une belle biodiversité : brochets, lottes, truites, ombres ou encore dolomèdes des marais. À la fin du sentier, on tombe sur un trou de 90 mètres de circonférence et 26 mètres de profondeur d'un bleu à couper le souffle. Si la couleur est nuancée en fonction des saisons et de la météo, c'est toujours un bleu éclatant qui prédomine. Dépaysement garanti ! Prenez le temps de profiter du calme ambiant et contemplez ce joli trésor de la nature. Des tables de pique-nique sont à disposition sur les hauteurs, mais le mieux est encore de descendre près de la source. Attention cependant, le lieu reste sauvage et la prudence est de mise. Ne cherchez pas à vous y baigner : l'eau est à 11 degrés toute l'année !

Adresse D148, 70800 Anjeux, www.luxeuil-vosges-sud.fr | **Accès** Prendre N57 sortie Fougerolles, direction Vauvillers. La source est indiquée sur la D148 | **À savoir** La source du Planey se trouve à 20 minutes de Vauvillers, village classé Cité de caractère de Bourgogne-Franche-Comté.

3 — Le Bistrot de la Tournelle

Déjeuner bucolique au bord de l'eau

Imaginez-vous déjeuner au bord d'un agréable ruisseau, à l'abri d'un bâtiment fait de vieilles pierres, bercé par le bruit du vent dans les feuilles des arbres qui vous entourent… Tentant, non ? Eh bien c'est possible en plein cœur du joli village d'Arbois au Bistrot de la Tournelle, un bistrot éphémère qui s'installe l'été dans un très beau jardin vigneron. L'envie de partager de bonnes choses de manière conviviale a séduit Évelyne et Pascal Clairet, les propriétaires du domaine viticole de la Tournelle.

C'est au bord de la Cuisance, rivière jurassienne et affluente de la Loue, que l'on trouve une dizaine de vieilles tables et chaises en fer forgé, des arrosoirs remplis de fleurs et des ardoises posées contre les pierres qui donnent à cet endroit un véritable et unique charme aux accents bucoliques. À midi comme en début de soirée, impossible de repartir sans y avoir pris une pause tant le lieu est propice au calme, à la sérénité – et même à la sieste !

Mais on y vient aussi pour manger et on retrouve l'aspect bistrot dans la carte simplifiée qui permet d'offrir aux clients de la qualité, des produits frais et surtout locaux. Les fromages jurassiens tels que le Comté sont évidemment au rendez-vous, mais aussi de la charcuterie, des terrines de truite, des escargots persillés, des salades fraîches et de bons desserts faits maison… Le tout bien sûr accompagné d'un bon verre de vin du Jura – Trousseau, Poulsard, Chardonnay ou Savagnin – ou d'un jus de fruits. Et si l'envie vous prend de repartir avec quelques bouteilles, rien ne vous empêche de venir goûter les vins du domaine de la Tournelle dans le caveau de dégustation. Les vins produits ici sont issus de la culture biologique, travaillés sans produits chimiques et avec un respect du fruit et du travail humain. Ouvert seulement deux mois dans l'année, c'est une petite pépite cachée dont on attend l'ouverture avec impatience, un lieu en harmonie avec la nature où les vieilles pierres et les arbres anciens chuchotent les histoires des vignobles jurassiens.

Adresse 5 place Petite-Place, 39600 Arbois, www.domainedelatournelle.com/le-bistrot-de-la-tournelle.htm | **Accès** Prendre A36 direction Besançon-Centre puis N83 direction Arbois | **Horaires d'ouverture** Du lundi au samedi de 12 h à 21 h et le dimanche de 17 h à 21 h, de juin à fin août | **À savoir** Allez faire un tour à la Fabrik, rue du Vieux-Château, qui est un nid à artisans locaux, parfait pour revenir avec une pièce unique et soutenir l'économie locale.

4 La maison Pasteur
Une plongée dans l'univers du plus grand chercheur

Louis Pasteur est un vrai Jurassien, franc-comtois pure souche, puisqu'il est né en 1822 à Dole. Il est venu vivre à l'âge de 8 ans à Arbois, dans cette superbe demeure toute de lierre revêtue. Il y passe toute son enfance et son adolescence, avant d'aller faire ses études et travailler à Paris. Ce n'est qu'à la mort de ses parents qu'il reprend cette maison pour en faire sa résidence d'été, mais avec une pièce bien utile au chercheur : son laboratoire privé. Si la demeure n'était qu'une tannerie, plutôt modeste, tenue par son père lorsqu'il l'a rachetée, Pasteur en a fait un véritable petit château à son goût, en bordure de la Cuisance. À peine la porte d'entrée franchie, vous êtes plongés dans l'univers familial de Louis Pasteur, puisque la maison a été laissée telle quelle, avec tapisserie, mobilier, vaisselle, vêtements et bibelots d'origine. Vous la traverserez pièce par pièce, découvrant ainsi le quotidien du chercheur.

C'est un véritable cours sur la vie au XIXe siècle auquel vous assisterez. La pièce majeure est, bien sûr, le laboratoire où l'on peut découvrir les différents sujets de recherches de Pasteur, car c'est ici, notamment, qu'il a mené ses travaux sur la fermentation. Passionné de vin, il arpentait les vignobles, discutant avec les vignerons pour mettre au point ses recherches sur les levures et autres organismes vivants, puis sur la pasteurisation. Le laboratoire préservé donne une vue d'ensemble de ses travaux, son matériel de recherche, ses cahiers de notes… Une véritable plongée dans la tête de cet immense chercheur. Peut-être le vaccin contre la rage a-t-il été découvert ici, en Franche-Comté ?

La maison Pasteur s'est modernisée ces dernières années en rendant la visite interactive. Vous pouvez désormais vous y balader avec une tablette par le biais de laquelle le neveu de Pasteur vous guidera à la rencontre du savant, vous faisant découvrir les secrets de la famille – et pourquoi ne pas terminer la visite en faisant un selfie avec lui ? En sortant, vous pourrez admirer le joli jardin bucolique où Pasteur aimait se reposer tout en admirant les fleurs entretenues par sa femme.

Adresse 83 rue de Courcelles, 39600 Arbois | **Accès** Prendre A36 direction Besançon-Centre puis N83 direction Arbois | **Horaires d'ouverture** Du lundi au dimanche de 14 h à 18 h | **À savoir** Allez déguster des chocolats chez l'un des meilleurs ouvriers de France, Hirsinger, un peu plus haut dans la ville.

5 La tour Gloriette
De la lithographie dans un lieu historique

Arbois fait partie des plus jolis villages jurassiens, un bijou au milieu des vignes qui font la réputation des vins de Franche-Comté. Attardons-nous ici un moment sur un monument qui vaut le détour, tant par sa beauté que par son originalité. La tour Gloriette est un vestige des fortifications qui entouraient la ville au XIIIe siècle. À l'époque, un des côtés n'était pas fermé par un mur, d'où son nom : « ouverte à la gorge ». Elle a malgré cela résisté à pas moins de 6 sièges de différentes armées françaises.

Ce n'est qu'en 1503 qu'elle est endommagée par une crue de la Cuisance, qui coule à son pied. Elle est reconstruite par la suite. D'une hauteur de 17 mètres et 11 mètres de large, elle est assez imposante avec ses pierres ocre locales. Au pied de la tour se trouvent des bancs ou pierres plates pour pouvoir se poser tranquillement au bord de la rivière, pique-niquer, lire ou juste profiter du moment présent. La tour est reliée à la ville par le pittoresque et romantique pont des Capucins, pont à deux arches qui date du XVIIIe siècle. Sous le pont coule la Cuisance et, que vous regardiez d'un côté ou d'un autre, vous aurez toujours droit aux plus jolies vues d'Arbois, si bucolique que le temps semble s'y arrêter. La ville a gardé son charme d'antan grâce aux vieilles pierres des maisons, aux fleurs qui ornent les fenêtres ou aux façades parfois désuètes des vieux magasins.

Mais Arbois a su aussi s'adapter à son époque et profiter du potentiel de la tour Gloriette pour en faire un lieu pour le public. La tour accueille en effet depuis quelques années un atelier de lithographie : La pierre qui encre. C'est le dessinateur Patrick Gouttefanjat qui a pris possession des murs, offrant à tous la possibilité d'apprendre les techniques de lithographie, ou de comprendre comment imprimer une estampe sans avoir besoin de gravure. Il a, pour cela, une presse à bras datant du XIXe siècle. D'autres instruments d'époque sont également présentés et, chaque année, l'artiste propose une exposition sur un thème différent.

Adresse Rue de la Tour, 39600 Arbois, www.terredelouispasteur.fr/la-maison-de-louis-pasteur-a-arbois/ | **Accès** Depuis la mairie, prendre la D469 direction Champagnole et se garer sur le parking en face du restaurant Le Bistrot des Claquets, la tour est à quelques mètres par la rue de Faramand | **Horaires d'ouverture** Se renseigner auprès de l'office de tourisme d'Arbois au 03 84 66 55 50 | **À savoir** Allez jusqu'à la cascade des Tufs, site exceptionnel avec ses massifs de tufs qui forme une sorte de gour avec ses cascades en terrasse.

ARC-ET-SENANS

6__ La saline royale
Temple du sel et de l'architecture

Incroyable structure architecturale en arc de cercle, classée au patrimoine mondial de l'UNESCO, la saline royale d'Arc-et-Senans a de quoi impressionner. Dès l'entrée, en passant sous le porche maintenu de part et d'autre par d'imposantes colonnes, vous vous sentirez tout petit face à ce bâtiment empli d'histoire. Construite au XVIIIe siècle à la demande de Louis XV, la saline est l'œuvre de Claude-Nicolas Ledoux, architecte ayant aussi réalisé le théâtre de Besançon. Comme son nom l'indique, elle était destinée, à l'époque, à la production de sel, et fonctionnait alors comme une véritable ville-usine où les ouvriers vivaient sur place.

Au-delà de la dimension historique et architecturale des lieux, la saline a des petits côtés insolites. Saviez-vous que vous pouvez dormir sur place ? Elle abrite un hôtel 3 étoiles ainsi qu'un restaurant : idéal pour vivre une expérience unique et découvrir les lieux à la tombée de la nuit et au petit matin ! Autre événement immanquable : le festival des Jardins qui prend place tous les ans dans les jardins du domaine, initialement pensés par Ledoux pour produire la nourriture nécessaire aux travailleurs. Ils servent aujourd'hui de terrain d'expérimentation et de création pour les élèves d'écoles de paysagisme et d'artisanat partout en France. En 2022, l'espace jardin viendra compléter le demi-cercle de la saline pour créer un cercle immense, selon le projet de ville idéale de Ledoux, mettant en place un îlot de biodiversité incroyable !

La saline présente, en plus des expositions permanentes, des expositions thématiques de façon régulière. Quel que soit le thème de l'exposition, pousser la porte de cette immense salle au plafond de bois est un émerveillement ! Le lieu se prête à toutes sortes de mises en scène et de muséographies démesurées… Enfin, installez-vous dans le parc et prêtez-vous à l'exercice de la contemplation pour faire une pause entre deux expositions, un petit temps pour vous, à ne pas manquer pour profiter au mieux de la beauté des lieux.

Adresse Grande Rue, 25610 Arc-et-Senans, www.salineroyale.com | **Accès** Prendre A36 sortie 4 puis N83 direction Arc-et-Senans | **Horaires d'ouverture** De novembre à mars de 10 h à 12 h et de 14 h à 17 h ; avril, mai, juin, septembre et octobre de 9 h à 18 h ; juillet et août de 9 h à 19 h | **À savoir** Pour rester sur le thème du sel, visitez Salins-les-Bains et goûtez à sa spécialité, le salinois (voir chap. 97).

7 — L'église du Sacré-Cœur

Une église aux étonnants vitraux

Entrer dans l'église du Sacré-Cœur d'Audincourt est à coup sûr le début d'une aventure merveilleuse. À peine la porte franchie, vous serez traversé par plusieurs émotions, entre la surprise et l'émerveillement. Des milliers de couleurs transpercent la nef ; la visite est une découverte à chaque pas.

Construite après la Seconde Guerre mondiale et inaugurée en 1951, l'église est chère au cœur des habitants d'Audincourt. Toute la ville, ainsi que les industries Peugeot, dont l'usine était située à proximité, mirent la main à la pâte pour faire avancer les travaux, en prêtant des véhicules ou en organisant des kermesses pour récolter des fonds. Cette église hors du commun est l'œuvre de l'architecte Maurice Novarina : son originalité saute aux yeux dès les premiers pas à l'intérieur, notamment grâce au plafond. Au-dessus de la nef se trouve un plafond à caissons tout en bois, voûté, tel un bateau retourné. Les bancs fabriqués dans le même bois donnent l'impression de ne faire qu'un demi-cercle, car ils sont tous liés entre eux. Un autel simple se trouve dans le demi-chœur, devant une tapisserie de Fernand Léger représentant l'eucharistie. Mais ce qui attirera surtout l'attention, ce sont les vitraux. D'une longueur continue de 70 mètres, ils parcourent toute la surface de l'église tel un bandeau qui se déploie. Fernand Léger a créé tous les vitraux, s'appuyant sur les évangiles tout en les réinterprétant à sa manière. Les couleurs sont puissantes, fortes, et, selon la luminosité du jour, l'ambiance est totalement différente, tout comme les émotions qu'ils provoquent.

Arrêtez-vous aussi au baptistère, juste à gauche en entrant dans la nef. Vous assisterez alors à une explosion de couleurs grâce au travail impressionnant de l'artiste Jean Bazaine. À l'intérieur de cette pièce se dessinent des vitraux que la lumière fait vibrer différemment encore une fois selon la luminosité. Et si vous regardez bien, une citation fait tout le tour de la pièce : « Aujourd'hui mon fleuve est devenu mer, au matin je ferai luire la parole ».

Adresse 3 rue Pauvrement, 25400 Audincourt | **Accès** Prendre A36 sortie 9 Audincourt | **À savoir** Allez également visiter l'église de l'Immaculée-Conception à Audincourt, un bijou architectural.

AUTOREILLE

8 Les jardins aquatiques d'Acorus
Trente ans de passion poétique

Pousser les portes des jardins d'Acorus, c'est un peu comme entrer dans un monde merveilleux, sorti de l'imagination d'Olivier et Sylvie, passionnés de nature. C'est à Autoreille, petit village de Haute-Saône, qu'ils ont créé en 1992 leur jardin paysager sur le thème du milieu aquatique. Ce lieu insolite, qui s'étend sur 3 hectares, leur permet de partager leur passion aec le plus grand nombre. Ici, on prend le temps de flâner, de contempler, de profiter de ce que la nature offre de couleurs et d'odeurs, et on oublie, le temps de la visite, les tracas du quotidien. Et ça fait un bien fou : ne négligez pas cet aspect de la balade !

Près d'un millier d'espèces d'arbres et d'arbustes y sont plantées, dont environ 250 espèces de végétaux aquatiques. Ce jardin magnifique représente un travail colossal car chaque arbre est taillé à la main. Entre fin mai et fin septembre, vous pouvez observer et profiter des couleurs des nénuphars depuis les nombreux bancs et espaces de pause, installés ici et là. En toute saison, ouvrez l'œil pour apercevoir la faune locale : libellules, grenouilles, insectes, oiseaux, tritons, ou encore couleuvres, plus discrètes. N'oubliez pas votre appareil photo !

On aime se balader entre les différents espaces qui tantôt font penser aux Caraïbes (la piscine biologique), tantôt à l'Asie (avec le jardin japonais ou la forêt de bambous). Chaque pas offre un nouvel angle de vue, de nouvelles perspectives. Tous les ans, des nouveautés viennent s'ajouter : un jardin d'hiver devrait bientôt voir le jour et permettre aux visiteurs de découvrir cet endroit quelle que soit la saison. Vous trouverez également une pépinière dans les jardins d'Acorus. Ainsi, vous pourrez découvrir chaque espèce dans son environnement naturel et vous en inspirer afin de créer votre propre espace détente dans votre jardin. Chaque arbuste est accompagné d'un petit écriteau portant son nom, idéal pour en apprendre plus sur eux et pour les identifier plus facilement !

Adresse 14 rue des Corvées, 70700 Autoreille, www.jardin-aquatique-acorus.fr | **Accès** Prendre D474 direction Marnay puis sortie Autoreille | **Horaires d'ouverture** D'avril à octobre du mardi au dimanche de 10 h à 12 h et de 14 h à 18 h | **À savoir** À moins de 30 minutes d'Autoreille, visitez Île Art à Malans, un parcours d'art contemporain libre en forêt, insolite et reposant.

9 La croix du Dan
La croix mystérieuse qui surveille la ville

En voilà un mystère bien gardé… Personne ne connaît exactement les origines de cette immense croix de 12 mètres de haut qui domine la ville de Poligny. Selon de rares archives, sa construction remonterait aux alentours de 1870-1871 ; l'abbé Bonnefoy de Poligny y demandait au maire de Barretaine, une commune située à côté de Poligny, l'autorisation d'installer une croix sur le « rocher du Dent » dans une lettre datée de 1870. Mais rien de plus. Un vrai casse-tête pour les historiens ! Aucune trace de cette croix, nulle part. Plusieurs légendes ont, bien sûr, surgi pour satisfaire la curiosité des habitants. La plus courante raconte que la croix aurait été érigée par une riche famille polinoise pour racheter les « mauvaises actions » de leur fils et honorer sa mémoire malgré tout. Ce dernier se serait suicidé – un péché selon la religion chrétienne –, la construction de cette croix aurait ainsi pu sauver son âme. Autre hypothèse, la croix serait construite sur un site druidique…

Si vous montez à pied jusqu'à la croix, vous rencontrez des pierres qui appartiendraient à d'anciens sites celtiques, comme la Pierre qui Vire. Sur un sentier antique, ce chemin vous mènera aussi à une autre croix, la croix de Saint-Savin, à l'emplacement où se trouvait une église en l'honneur dudit saint. Si leur origine est parfois inconnue, on sait, en revanche, que plusieurs croix chrétiennes de la région ont été vandalisées – celle de Saint-Savin a même failli être sciée – en 1905, en pleine guerre anticléricale qui mena à la stricte séparation de l'Église et de l'État.

Aujourd'hui, le lieu est un panorama magnifique sur la ville de Poligny et sa reculée de Vaux. On a l'impression que la croix surveille ou protège la ville, tel un phare dans la nuit. Et si vous regardez bien le plateau calcaire qui est pile en face de vous, vous pouvez voir la grotte du Trou de la Lune, accessible par une échelle de fer. Les anciens pensaient que la lune s'y cachait puisqu'ils la voyaient se lever juste derrière la falaise !

Adresse La Croix du Dan, 39800 Barretaine | **Accès** Depuis Poligny, prendre la direction de Plasne, tourner à gauche pour prendre la D256, monter une route en lacets et tourner à gauche en suivant le panneau « Croix du Dan ». Se garer sur le parking et accéder au belvédère en marchant une centaine de mètres | **À savoir** Allez visiter l'apothicairerie de Poligny dans l'hôpital local qui date du XVIIe siècle.

BAUME-LES-DAMES

10 — Affiche Moilkan
L'Art de jouer avec les mots

Au cœur de Baume-les-Dames, dans un local voûté qui sent la vieille pierre, on s'émerveille de découvrir l'univers particulier et décalé de deux trublions des mots, Steve et Élise. Ici, les machines d'imprimerie anciennes et les caractères en bois n'ont pas le temps de se reposer tellement les idées fusent… La plus ancienne presse date de 1920 ! L'univers des deux artistes est singulier, bien loin de l'image traditionnelle des imprimeries.

Illustrateurs, imprimeurs, lithographes, typographes, ce couple de passionnés multiplie les talents, qu'ils mettent au service de leurs créations, avec des techniques et des outils ayant parfois traversé les âges et trouvant ici une nouvelle vie. Entre les machines et les outils, des objets hétéroclites, chinés, ajoutent à l'originalité de l'endroit et stimulent la créativité. Vous passerez des heures à admirer chaque détail sans vous lasser. Dans leur atelier, Steve et Élise créent, imaginent et confectionnent affiches, cartes postales, tote bags, mouchoirs et autres articles imprimés aux jeux de mots délicieusement piquants. Ils répondent également aux commandes d'affiches pour des événements et des institutions, et ont déjà réalisé des images d'illustration pour des ouvrages. Vous trouverez dans leur catalogue des objets à collectionner ou à offrir afin d'ajouter une touche de fun à un intérieur – le petit plus qui fera la différence dans une déco. Et puisque transmettre leur savoir et leur passion est primordial, ils interviennent régulièrement dans les écoles en organisant des ateliers créatifs.

Vous souhaitez acquérir l'une de leurs créations ? Vous pouvez commander les œuvre pleines de charme d'Affiche Moilkan sur leur site internet, celles-ci sont ensuite livrées chez vous. Si vous souhaitez discuter avec ce couple étonnant, vous pouvez également les retirer à leur atelier de Baume-les-Dames ou sur les marchés et conventions qu'ils arpentent tout au long de l'année. Suivez-les sur les réseaux sociaux pour tout savoir sur leur actualité !

Adresse 5 rue Barbier, 25110 Baume-les-Dames, affichemoilkan.blogspot.com | **Accès** Prendre l'A36, sortie 5 direction Lure/Baume-les-Dames, puis continuer sur la D50 | **Horaires d'ouverture** Les horaires d'ouvertures et tous les événements auxquels ils participent sont à retrouver sur leur site internet | **À savoir** Arpentez les rues du vieux Baume-les-Dames et goûtez aux spécialités locales : pâte de coing, craquelins et choucots.

11 La forêt enchantée
Trois balades en une

Voici une balade qui rassemble trois lieux au passé géologique ou arboricole plus qu'intéressant. Le sentier-découverte peut se faire en entier, soit 7 kilomètres pour environ 3 heures de marche en prenant le temps de tout voir, ou par tronçon grâce à des parkings qui se trouvent à proximité de chaque site. Rendez-vous à l'office de tourisme en centre-ville pour prendre un livret qui vous donnera tous les secrets nécessaires afin de vous immerger dans le monde mystérieux des forêts de Baume-les-Dames.

La forêt magique peut être un point de départ et vous plongera tout de suite dans l'ambiance du sentier. Comme le dit le livret, les héros de cette forêt sont les arbres : la famille Douglas, Lord Weymouth, les petits soldats Nordmann… Tous ont des histoires à vous raconter. Mettez-vous à leurs pieds, levez les yeux et admirez-les. Tout en lisant leurs récits, ils vous apprendront des choses sur leurs espèces, mais aussi sur la forêt. Vous découvrirez notamment que les chênaies, forêts principalement composées de chênes, représentent 40 % des forêts françaises, ou que Baume-les-Dames s'appelait auparavant Baumes-les-Nonnes. Le saviez-vous ? Dirigez-vous ensuite vers l'arboretum. Au cœur de la forêt, avec de jolis points de vue sur la vallée, vous pourrez vous balader au milieu de différentes espèces d'arbres, le plus souvent venues de l'hémisphère nord, comme le *Ginkgo biloba*, l'arbre le plus ancien sur Terre !

Vous finirez la visite par le site carrier où étaient entreposées les pierres qui ont servi à la construction de la ville et de l'église Saint-Martin entre le XVIe et le XVIIe siècle. Vous verrez des cabanes de carriers, des abris de forme cylindrique, des plateformes de taille et vous pourrez marcher sur un couloir de schlittage qui servait à faire descendre les pierres jusqu'aux quais de chargement. Un parcours très agréable pour les familles et les amoureux de la nature, à la fois ludique et sportif, mais sans aucune difficulté, où alternent forêt et points de vue enchanteurs.

Adresse Office de tourisme, place de la République, 25110 Baume-les-Dames | **Accès** Prendre A36, sortie Baume-les-Dames | **À savoir** Lancez-vous dans une randonnée à la fente de Babre pour avoir des superbes points de vue sur la ville et le Doubs, que vous longerez sur le retour de la balade.

12 — Clémentine Martinez
La nature comme inspiration

Son sourire, sa joie de vivre, son enthousiasme et son envie de partager son savoir font de Clémentine Martinez une artiste solaire. Et son petit accent du sud n'y enlève rien ! Riche de ses études dans les domaines des arts appliqués et du design de mode, textile, et environnement, elle accumule différentes techniques pour s'amuser tant sur le fond que sur la forme de ses œuvres.

Tôt dans sa carrière, l'artiste a développé des ateliers à destination du grand public, mais aussi des enfants. Vous la retrouverez notamment régulièrement au programme du Festival des mômes de Montbéliard, dont elle réalise par ailleurs l'identité graphique. Clémentine s'intéresse depuis de nombreuses années à la nature qui l'entoure, une passion qui s'est développée grâce à sa participation à des sorties nature autour des plantes comestibles et tinctoriales. Un intérêt devenu véritable philosophie de vie et partie intégrante de son art : Clémentine essaye, et ce de plus en plus, de ne travailler qu'à l'aide d'éléments naturels, comme un retour à l'essentiel. Ses toiles sont composées de peintures à base de café, de brou de noix, d'indigo… Des essais de fabrication de papier à base de graines et l'utilisation de pigments naturels fabriqués maison sont autant de moyens d'utiliser la nature dans son art.

Un apprentissage qu'elle peaufine au quotidien et qu'elle transmet via ses ateliers artistiques, dans des structures spécialisées (comme la Maison de l'environnement du Malsaucy ou l'Artothèque ASCAP de Montbéliard) ou même via des sessions organisées dans son propre atelier à Bavans. L'objectif ? Consommer local et zéro déchet pour pratiquer un art respectueux de l'environnement, apprendre à reconnaître les plantes et la nature pour mieux la comprendre et, ainsi, mieux la protéger. Son travail étant aussi riche et diversifié que sa créativité le lui permet, nous ne pouvons que vous encourager à découvrir ses œuvres lors d'expos et à pousser la porte de ses ateliers, ludiques et très intéressants !

Adresse 8 impasse Daniel-Beucler, 25550 Bavans, www.facebook.com/martinezclementine | **Accès** Prendre A36 sortie 7 Bavans, direction Voujeaucourt puis Bavans | **À savoir** Pour rester dans la thématique nature, on recommande le sentier de la Côte-Roux à Voujeaucourt, une balade ludique en forêt à faire en famille pour apprendre à reconnaître la faune et la flore locale.

13 — Le fort du Mont-Bart
Un plongeon dans l'histoire militaire de la région

L'aire urbaine qui regroupe les agglomérations de Belfort, de Montbéliard et d'Héricourt possède un patrimoine historique et militaire assez unique. En pleine guerre contre la Prusse, la France a dû construire des bâtiments afin de renforcer la défense du territoire. C'est ainsi que de nombreux forts – que l'on appelle aujourd'hui « la ceinture fortifiée » – ont vu le jour. Quelques monuments ont été rénovés et peuvent être visités afin de se replonger dans cette histoire. Dans le pays de Montbéliard, ils sont au nombre de trois, mais c'est au fort du Mont-Bart, dans la commune de Bavans, que nous vous emmenons aujourd'hui.

Déclaré comme intérêt communautaire depuis 2004, le fort est sans cesse rénové, mis en valeur pour permettre aux visiteurs une immersion dans la vie militaire de l'époque. Pour se le représenter en action, il faut remonter un peu plus d'un siècle plus tôt, en 1877, lorsque le fort venait d'être achevé. D'une surface de plus de 3 hectares, d'une forme pentagonale afin d'assurer une protection à 360 degrés et d'une hauteur de 485 mètres, il assurait son rôle de dissuasion à la perfection. Une fois à l'intérieur, vous pourrez naviguer à travers les dédales de pierres de taille, voir l'impressionnant casernement où dormaient les soldats et officiers avec une véritable rue au milieu, admirer le four à pain, rentrer dans les casemates d'optique où les militaires recevaient les messages des autres forts… De nombreuses poudrières ou magasins à cartouches sont également visibles, ainsi que quatre caponnières.

Le clou de cette visite est le belvédère, où vous pourrez admirer la vue sur le pays de Montbéliard, le Doubs et les vallées environnantes. Des animations culturelles ont lieu régulièrement dans les enceintes et aux abords du fort, des visites guidées avec un conférencier sont organisées pour tout savoir sur l'histoire du lieu, et, pour les plus jeunes explorateurs, un petit guide à énigmes permet de suivre les pas des soldats.

Adresse 32 rue du Mont-Bart, 25550 Bavans, www.patrimoine-pays-de-montbeliard.fr | **Accès** Prendre A36 sortie 7 Bavans, direction Voujeaucourt puis Bavans | **Horaires d'ouverture** Ouvert les week-ends et jours fériés d'avril à octobre (tous les jours en juillet et août) de 14 h à 18 h. Ouvert seulement les dimanches en octobre | **À savoir** Allez à la batterie des Roches à Pont-de-Roide, autre bastion de la ceinture fortifiée et magnifique point de vue.

BEAUFORT-ORBAGNA

14_ La Caborde
Étonnante aire viticulturelle

Située sur une spacieuse aire de pique-nique et de jeux au bord de la route départementale entre Lons-le-Saunier et Cousance, La Caborde a de quoi étonner. Impossible de la rater tant elle se démarque du paysage par sa forme, et par son architecture sur quatre niveaux qui s'élèvent au-dessus des vignes alentour. Un peu comme un phare, elle attire la curiosité des passants qui ne regretteront pas d'en pousser la porte.

Créée en 2014 par l'association de la communauté de communes Porte du Jura et de dix vignerons, La Caborde est un lieu atypique où se mêlent découverte de producteurs locaux et découverte de la culture et de la gastronomie locale. Au rez-de-chaussée, vous trouverez notamment l'espace de dégustation des vignerons partenaires, un lieu moderne et convivial qui invite à comprendre les spécificités de l'appellation Côtes du Jura. Via l'achat d'une carte créditée en euros, chacun est libre de se servir à la fontaine à vins : 24 références sont proposées, rouges, blancs, jaunes et de paille. Tous sont locaux, bios et certifiés développement durable. Dans cette même pièce voûtée, imaginée pour rappeler la forme d'un tonneau, se trouve la boutique de producteurs présents dans un rayon de moins de 10 kilomètres autour de la Caborde. 100 % local !

En association avec l'office de tourisme de Saint-Amour, La Caborde met à disposition des informations touristiques pour tous les curieux. Mais au-delà de ces aspects touristiques et viticoles, La Caborde est aussi un lieu incontournable de culture ! Ici, la programmation culturelle, menée par sa responsable Axelle Locatelli, est riche et très variée. Des conférences, mais aussi des expositions de peinture, de sculpture ou d'arts plastiques sont proposées toute l'année. Tout en haut, sur le rooftop, des concerts sont organisés l'été : l'endroit devient alors le cadre idéal pour profiter de la musique en admirant les vignes environnantes. De quoi satisfaire tous les épicurieux qui passent à La Caborde !

Adresse Montée du Taret, 39190 Beaufort-Orbagna, www.lacaborde-jura.fr | **Accès** Prendre A39 direction Lons-le-Saunier/Montmorot, puis D1083 | **Horaires d'ouverture** Du 1er juillet au 31 août tous les jours de 11 h à 18 h ; du 1er au 26 septembre, du mercredi au dimanche de 11 h à 18 h. Ouverture toute l'année sur RDV pour les groupes | **À savoir** La Caborde est aussi le point de départ de douze randonnées. Le livret présentant ces circuits est en vente à la boutique de La Caborde pour 5 €.

15 La Clé du Bastion

Creuser ses méninges comme Vauban

Et si vous vous mettiez dans la peau de Vauban ou de Bartholdi ? L'escape game La Clé du Bastion est ce qu'on peut appeler un pionnier du genre. Un escape game est une salle où l'on est enfermé et où il faut résoudre des énigmes dans un temps imparti pour en sortir. La salle est déjà une attraction à elle toute seule puisqu'il s'agit de la Tour 27, l'une des quatre tours bastionnées à canon des fortifications de la citadelle de Belfort, construite par Vauban au XVIIIe siècle. Dès que vous rentrez dans cette fameuse Tour 27, vous serez accueilli par un maître du jeu ; deux salles, deux ambiances, mais une même thématique : l'immersion historique.

Dans la première, Vauban a perdu les plans de la citadelle. À vous, en une heure, de résoudre des casse-têtes, des énigmes, d'ouvrir des cadenas pour tenter de retrouver ces plans, si importants pour finaliser la construction de la citadelle, et ne pas laisser l'ennemi rentrer dans les terres belfortaines. Dans la seconde, vous aiderez Bartholdi, le papa du Lion de Belfort, le symbole de la ville. Et c'est justement le jour de l'inauguration du Lion que Bartholdi se rend compte qu'il a perdu son discours ! Il ne peut faire sans et compte sur vous pour le retrouver. Direction son bureau pour, là encore, faire marcher votre cerveau et tenter de sortir à temps de la salle, avec le discours.

À côté de ces deux salles principales, les ingénieux concepteurs de cet escape game ont délocalisé leurs créations pour investir les salles voûtées de la citadelle, ambiance garantie ! À vous de résoudre en équipe et de façon collaborative, les secrets les mieux gardés de Belfort. Et si vous voulez jouer en extérieur, c'est possible. Deux jeux de piste sont organisés dans la vieille ville. Une manière insolite et ludique de visiter cette partie de Belfort, pleine de charme et d'histoire. On ne peut qu'être bluffé par la quasi-perfection de ces salles tant tout est cohérent, bien pensé, ingénieux, un brin cruel par moments, mais toujours dans la bonne humeur, pour passer un excellent moment, en amis ou en famille. Et que dire de la décoration !

Adresse Tour 27, rue des Bons-Enfants, 90000 Belfort, www.lacledubastion.com | **Accès** Prendre l'A36 sortie Belfort-Centre | **Horaires d'ouverture** Du mardi au vendredi de 16 h 30 à 22 h (le jeudi à 18 h 30), le samedi et le dimanche de 10 h à 22 h | **À savoir** Évidemment, rendez une petite visite au Lion et montez sur la terrasse panoramique de la citadelle, la vue est à couper le souffle.

16 — La fresque murale d'Ernest Pignon-Ernest

Une œuvre de rue bien avant le street art

Il est des lieux où l'on passe sans les regarder et qui, pourtant, cachent de jolis trésors. C'est le cas du parking des Nouvelles Galeries, au centre de Belfort, où se trouve pourtant la plus grande fresque peinte de la ville : l'œuvre d'Ernest Pignon-Ernest trône sur une façade de la rue de l'As-de-Carreau depuis 1988. Cette fresque sans titre, réalisée par l'un des précurseurs des arts urbains, illustre le thème « Belfort, carrefour des cultures latine et germanique », imposé par la municipalité, à l'époque dirigée par Jean-Pierre Chevènement. L'artiste a choisi de répondre au thème en réunissant 47 personnages illustres, qui ont marqué l'histoire par leurs actes ou leur pensée, au cours d'une réunion surréaliste sur les escaliers de ce drôle d'immeuble en forme de U. Peinture monochrome et grandeur nature, la fresque de plus de 400 mètres carrés en impose !

Quarante-sept personnages et personnalités qui permettent de se lancer un défi en famille pendant vos balades urbaines – qui en reconnaîtra le plus ? Qui saura retrouver le métier de chacun ? Et qui pourra deviner qui est l'homme, un peu solitaire, représenté de dos ? Un jeu pas facile ! Sur la fresque, vous trouverez assez facilement Simone Weil, Pablo Picasso, Victor Hugo, Marie Curie ou encore Albert Einstein. Plus difficile à identifier, les compositeurs Hector Berlioz et Gustave Mahler, ou bien l'écrivain Denis Diderot… Aujourd'hui, la fresque trône encore dans la zone commerciale belfortaine et fait parfois l'objet d'autres performances de street art plus contemporaines. Par exemple, un collectif d'artistes a récemment collé, de manière éphémère, un 48e personnage : Coluche.

À Belfort, d'autres fresques imposantes sont visibles pour qui lèvera le nez : la fresque représentant la naissance de Vénus par le peintre lorrain Franck Hommage rue des Capucins, une belle fresque qui jouxte la galerie d'art Cheloudiakoff et le bar Jungle (voir chap. 19).

Adresse Rue de l'As-de-Carreau, 90000 Belfort | **Accès** Prendre l'A36 sortie Belfort-Centre | **À savoir** Le Festiv'été propose régulièrement dans sa programmation des performances d'artistes urbains. Renseignements auprès de l'office de tourisme de Belfort.

17 — Guitare Novo
Une guitare à double manche pour Slash

Dans la catégorie « talents locaux », Jean-Valentin Novo, jeune homme virtuose dans le domaine de la lutherie et du skateboard est incroyable. Installé à Belfort depuis 2017, il a investi et transformé les locaux du passage Pierre-Proudhon pour en faire son univers : il y a installé son atelier, mais a également construit, pour ses amis et lui, une rampe de skateboard à l'intérieur de son local – ce passage autrefois sombre et peu engageant a ainsi retrouvé son cachet.

C'est en effet avec le skate que commence sa passion du bois, puisque tout jeune, il fabrique ses propres planches. Quelques années plus tard, il profite d'ateliers dispensés dans un centre social pour perfectionner sa technique, avant de se lancer dans des études relatives au bois, sans forcément penser qu'il en ferait son métier. De fil en aiguille, il découvre le métier de luthier avec la création d'une guitare électrique de type Explorer. La passion est née : Valentin poursuit son apprentissage en travaillant sur des instruments depuis son atelier chez ses parents et pour le compte d'une association.

Aujourd'hui, il possède enfin sa propre manufacture, où il mêle techniques anciennes et idées nouvelles pour créer des instruments personnalisés et uniques. Autodidacte, il continue de se former seul en testant, en se nourrissant de rencontres et de techniques apprises ici et là. Il connaît par cœur les propriétés de chaque bois et propose une fabrication sur mesure, en fonction des envies et des besoins. Ses instruments – des guitares, mais également des basses, des mandolines et des ukulélés – sont commandés par de grands noms de la musique venus du monde entier, de l'Europe à l'Afrique en passant par les États-Unis. En 2017, le jeune luthier se lance le défi de créer une double manche qui aura demandé plus de 700 heures de travail. Un instrument exceptionnel qu'il a pu offrir en personne à Slash, le célèbre guitariste du groupe de rock Guns N' Roses. Les passionnés de musique pourront également faire appel au jeune luthier pour la fabrication ou la rénovation sur mesure de leur instrument.

Adresse Rue Pierre-Proudhon, 90000 Belfort, www.guitarenovo.com | **Accès** Prendre l'A36 sortie Belfort-Centre | **Horaires d'ouverture** Du lundi au vendredi de 9 h à 13 h et de 14 h à 19 h | **À savoir** Amateurs de sons de guitares, vous devriez apprécier la Poudrière, salle de concert intimiste, au pied du Lion de Belfort.

BELFORT

18_Il Était Une Fois
Une boutique à remonter le temps

Ces quelques mètres carrés de boutique, place de la Petite-Fontaine à Belfort, nous remplissent de joie à chaque fois que nous y mettons les pieds. Projet développé par Alexandra Sophie, cette petite échoppe singulière a ouvert ses portes en juin 2019. Son nom vous dit quelque chose ? Alexandra Sophie est une photographe belfortaine de talent, connue pour ses images poétiques mêlant la femme et la nature. Artiste sensible, elle cultive une passion pour les objets qui ont une âme, qu'elle partage avec son mari Sheriff, artiste-designer, qui s'amuse à customiser des pièces vintage.

Chez Il Était Une Fois, vous trouverez des objets ayant vécu plusieurs vies, chinés dans des brocantes ou des vide-greniers, sur coup de cœur, mais aussi sur demande, dans le cas de recherches particulières. Des articles choisis avec soin, transportés à vélo, en attente d'adoption pour une nouvelle vie ! Décoration, mobilier, bijoux, vaisselle, il y a des trésors pour tous les goûts et toutes les bourses – des bibelots à la mode (bonbonnes en verres, fauteuils en osier), aux objets plus rares et insolites (bougies ésotériques, cabinet de curiosités…) Des objets, mais pas seulement : une autre passion du couple réside dans la mode des années passées. De grands portants croulent sous des pièces merveilleuses : des vestes en jean so 80's, des robes vintage et des jupes comme sorties de films, provenant de stocks d'anciennes boutiques. Pour se faire plaisir, pour une séance photo, pour une soirée à thème ou encore pour une idée cadeau, ces pièces uniques sont étonnantes, et on adore d'autant plus quand les vestes militaires ou les anciens modèles de sneakers sont customisés par Sheriff !

La boutique ouvre ses portes exceptionnellement, en plus de ses horaires habituels, lors des puces de Belfort chaque premier dimanche du mois. À cette occasion, certains objets sont exposés sur les pavés de la place. Ils arrivent et repartent au gré des coups de cœur de chacun, la boutique change ainsi de visage à chaque visite !

Adresse Place de la Petite-Fontaine, 90000 Belfort | **Accès** Prendre A36 sortie 13 Glacis du Château, direction Vieille-Ville | **À savoir** Pour poursuivre dans l'ambiance vintage, poussez la porte des cafés Marcel & Suzon et Mon Café, dans la vieille ville eux aussi.

BELFORT

19 Jungle
Une jungle urbaine pour se retrouver

Boire un verre ou déguster une délicieuse tartine dans un lieu hors du commun à Belfort, c'est possible. Installé dans les anciennes friches industrielles de la brasserie Wagner datant du début du XXe siècle, le Jungle est un bar branché et original qui a demandé à Igor et Kai WIng des mois de travaux. Après avoir voyagé dans le monde entier, et tout particulièrement en Asie, le jeune couple a décidé de revenir à Belfort pour ouvrir un lieu au concept innovant, fédérateur, qui rassemble les Belfortains autour de la culture et de la convivialité. La culture, car le bar est accolé à une galerie d'art contemporain. De nombreux événements permettent de fusionner les deux structures. Les gens peuvent ainsi circuler d'un lieu à un autre, créant une mixité et un partage intéressant, ouvrant souvent un milieu inconnu à des personnes qui n'auraient pas osé, jusque-là, pousser les portes d'une galerie.

Mais revenons au Jungle. L'ambiance y est industrielle : de grands murs bruts, des verrières au plafond qui donnent un aspect de cathédrale, de grandes plantes pour rappeler la jungle, et de nombreux souvenirs ramenés de leurs voyages par les tenanciers pour un sentiment de dépaysement. Selon l'heure à laquelle vous y allez, et selon la luminosité, l'ambiance sera différente.

Le midi, les bons plats sains conviennent aussi bien aux flexitariens qu'aux végétariens, voire aux végans. La carte ravira les amateurs de bowls (plats servis dans un grand bol avec une répartition harmonieuse des ingrédients), mais aussi de tartines ou de gaufres salées. On pourra goûter leur fameux cheesecake qui est devenu, au fil du temps, leur dessert signature. Une cuisine bonne pour la santé et originale en prime.

Le soir, vous pourrez déguster des planches de charcuterie ou de fromage – voire les deux pour les plus gourmands – tout en sirotant un délicieux cocktail. Les produits locaux sont mis en valeur, notamment grâce à la carte des bières, qui viennent toutes du Jura. L'établissement organise régulièrement des soirées musicales où des DJ viennent mixer et ainsi faire danser la clientèle du Jungle.

Adresse 1 rue des Capucins, 90000 Belfort, www.junglebelfort.com | **Accès** Prendre l'A36 sortie Belfort-Centre | **Horaires d'ouverture** Du mardi au vendredi de 12 h à 14 h et de 17 h 30 à 22 h (minuit le jeudi et 1 h le vendredi), le samedi de 17 h 30 à 1 h | **À savoir** Allez admirer les œuvres d'art contemporaines de la galerie Cheloudiakoff, accolée au Jungle.

20 — Musée d'Art moderne – Donation Maurice Jardot

L'antre des peintres surréalistes

Installé dans une maison de maître de la fin du XIXe siècle ayant appartenu au poète Léon Deubel, le musée d'Art moderne de Belfort rassemble plus d'une centaine d'œuvres cubistes et surréalistes de peintres. Dès l'entrée, le musée vous invite à découvrir des œuvres méconnues d'artistes connus, une incitation à faire un pas vers l'histoire de la peinture ou de la sculpture.

Toutes ces collections proviennent d'un don fait à la ville de Belfort par un de ses habitants, Maurice Jardot, un des collaborateurs du célèbre marchand d'art Daniel-Henry Kahnweiler pendant plus de 40 ans. Tout le monde connaît les œuvres architecturales de Le Corbusier, mais ici, vous pourrez découvrir son talent de peintre, ou encore des extraits de son livre inspiré par les collages de Matisse – Maurice Jardot était un grand admirateur de l'architecte. Vous trouverez aussi des œuvres d'André Beaudin ou encore d'Henri Laurens, qui nous enchantent par les rondeurs et voluptés de leurs sculptures, ou des éléments plus traditionnels, comme ce masque pendé issu de la culture du peuple Pendé au Congo.

Dernièrement, le musée s'est vu doté d'une nouvelle collection exceptionnelle : 45 estampes de lithogravures du peintre Pablo Picasso réalisées entre 1919 et 1955. Prêtée par la Galerie Leiris à Paris, elle a permis à de nombreux néophytes de franchir les portes du musée et d'être agréablement surpris par la qualité des œuvres exposées. Afin d'entretenir la curiosité du public, le musée présentera les estampes lors de différentes rotations, quelques planches à chaque fois. Le musée participe également à des événements hors les murs comme des conférences et, en 2020, a intégré le réseau Mom'art qui accompagne les familles à vivre l'expérience du musée ; il est de plus labellisé Tourisme handicap afin de favoriser la visite des handicapés moteurs, mentaux, auditifs et visuels.

Adresse 8 rue de Mulhouse, 90000 Belfort | **Accès** Prendre l'A36 sortie Glacis du château, prendre la D583, la D83, puis la rue du Magasin et suivre les indications menant au musée | **Horaires d'ouverture** Du mercredi au lundi de 14 h à 18 h | **À savoir** Accolé au musée se trouve le square Lechten, réputé pour ses massifs floraux, sa grille monumentale et ses fontaines.

21 Le Pochon Magique
La petite maison végétarienne

S'il y a bien une institution gourmande à Belfort qui mérite le détour, c'est Le Pochon Magique. En 1979, Jean-Marie Mercier, professeur de philosophie, a voulu créer un lieu à l'ambiance chaleureuse où les gens se sentiraient comme à la maison, où tout le monde serait traité d'égal à égal et, surtout, où la cuisine serait végétarienne et délicieuse. Une petite révolution pour l'époque ! Il dénicha l'endroit idéal pour ça : une des plus vieilles maisons belfortaines, dotée d'un charmant petit jardin – comme à la maison ! Depuis, ce rêve perdure et, malgré des changements de personnel et la création d'une association afin de conserver ce lieu magique, l'esprit est resté le même ; les valeurs du restaurant ont perduré grâce à des personnes passionnées et engagées.

Lorsque vous poussez la porte du Pochon Magique, il semble évident que vous allez vivre une expérience particulière. La maison a un air un peu vintage, voire un brin désuet, tout en étant chaleureuse et accueillante. Ici, la cuisine est végétarienne (mais pas végan) : le but est de faire découvrir de nouvelles saveurs, textures, aliments – et que tout le monde y trouve son compte. On y prône le local et les circuits courts, les aliments sont bios autant que possible. Aujourd'hui, leur cuisine atteint fièrement le 80 % bio, mais toujours 100 % de saison, bien sûr ! Et est-ce utile de préciser que tout est fait maison ? Les plats et desserts sont du jour, faits à la main, et la seule folie dans les cuisines est la cuisinière professionnelle pour assurer tous les services.

Le personnel est polyvalent. Tous passent à tour de rôle à la cuisine, au service et à la plonge. Chacun a acquis des compétences au cours de sa carrière et utilise son savoir-faire pour produire « des assiettes de qualité en travaillant des produits de qualité ». Un livre de recettes est disponible au restaurant. Le lieu accueille aussi des expositions d'artistes locaux. Au Pochon Magique, l'expérience est autant culinaire qu'humaine. Une fois le repas fini, on a qu'une envie : y revenir.

Adresse 18 rue de Brasse, 90000 Belfort | **Accès** Prendre A36 sortie Belfort-Centre | **Horaires d'ouverture** Du lundi au samedi de 9 h à 17 h | **À savoir** Pas très loin du restaurant, vous pourrez aller vous promener à l'étang des Forges, en faire le tour et avoir une jolie vue sur la tour de la Miotte et les Vosges.

22 Le Vieux Garage-Café
Du Québec à la France, du lave-auto au bar vintage

Sacré parcours professionnel que celui de l'étonnant Guy des Laurier, créateur et propriétaire de l'un de nos QG belfortains : le Vieux Garage-Café. Tenancier d'un restaurant au Québec pendant une vingtaine d'années, il monte son lave-auto à Belfort en 1996. L'établissement est reconnu pour le chouchoutage des véhicules, notamment ceux haut de gamme et de collection. Guy est un passionné qui aime prendre le temps et le travail bien fait ! Mais après 21 ans dans son établissement, il était temps pour lui d'écrire une nouvelle page de sa vie professionnelle. Changement de cap, le lave-auto se transforme… en bar !

Au bout de onze mois de travaux, les 200 mètres carrés de surface se métamorphosent en un bar vintage et agréable, unique en son genre dans la région. Guy aux travaux, Brigitte, sa femme, à la déco, le couple est parvenu à créer un lieu atypique doté de coins salons de toutes époques, chinés pour l'occasion, avec quelques touches qui rappellent l'activité précédente et la passion de Guy pour la mécanique. Aussi à l'aise derrière son imposant bar que dans son atelier, il prend plaisir à créer des pièces uniques qui viennent agrémenter la déco : des appliques-guidons, des lampes-filtre-polisseuses… Sa seule limite, c'est son imagination !

Nous aimons particulièrement découvrir ici les produits importés du Québec. Ils ne sont pas en majorité sur la carte – ce n'est pas le thème du bar –, mais les alcools à l'érable donnent un petit goût de dépaysement pas désagréable aux soirées au Vieux Garage-Café. Notre coup de cœur, le Sortilège, est servi dans un verre qui semble, lui aussi, avoir traversé les âges : classe !

Il n'y a pas à dire, on se sent bien dans le repaire de Guy, parfois même plus confortablement installé qu'à la maison, tant les fauteuils vintage sont moelleux. Le bar est spacieux et agréable, idéal pour les soirées concerts. Pour les groupes, il est même possible de privatiser l'espace à l'étage.

Adresse 7 rue Michelet, 90000 Belfort | **Accès** Prendre A36 sortie 12a, puis D19 direction Centre-Ville | **Horaires d'ouverture** Tous les jours de 17 h à minuit (1 h le vendredi et le samedi) | **À savoir** Après une soirée au Vieux Garage-Café, on aime flâner dans Belfort pour admirer les illuminations de la gare, et le long des quais de la Savoureuse qui subliment l'architecture de la ville.

BESANÇON

23 — Les cours et escaliers remarquables
Tomber sur un trésor en poussant une porte

Besançon est une ville belle et fascinante, notamment grâce à ses richesses patrimoniales et architecturales telles que la citadelle de Vauban, un incontournable lors d'un séjour en Franche-Comté. La ville jouit d'une situation unique : encerclée par une boucle du Doubs et par les monts alentour, son développement n'a pu se faire en s'étendant. Il a donc fallu s'élever : des maisons bourgeoises et des hôtels particuliers en hauteur ont été construits dans la ville. C'est la raison pour laquelle Besançon compte tant de cours et d'escaliers extérieurs que l'on se fait un plaisir de dénicher.

Vous pouvez les découvrir lors de vos balades urbaines, en poussant des portes ici et là : il y en a des centaines, disséminés dans la ville ! Souvent joliment décorés, les escaliers étaient construits en extérieur pour ne pas empiéter sur l'espace dédié au logement. Vous remarquerez qu'ils ont des styles différents : les escaliers en pierre, décorés de rambardes en ferronneries détaillées, desservaient les logements des plus nobles, tandis que les escaliers en bois étaient dédiés au personnel ou aux autres locataires. Parfois ces styles se mélangent harmonieusement et apportent un véritable cachet aux cours intérieures qui peuvent se succéder : deux, trois voire quatre cours en enfilade avant d'accéder à un joli jardin privé. Peu de jardins ont subsisté ; souvent les espaces ont été vendus et reconstruits. Mais quand on a la chance d'en découvrir un, c'est comme un trésor !

Aujourd'hui, nombre de ces places et escaliers sont inaccessibles au public ou protégés par des portes à digicode. Lors de vos explorations, armez-vous de patience et respectez le calme de ces espaces privés. Si la plupart des beaux hôtels particuliers se trouvent dans le centre, du côté de la Grand Rue et de la rue des Granges, il y a aussi des merveilles ailleurs en ville, comme par exemple dans le quartier Battant.

Adresse Grand Rue, 25000 Besançon, www.besancon-tourisme.com/fr/ | **Accès** Prendre l'A36 sortie Besançon-Centre | **À savoir** Amateurs de découvertes urbaines, penchez-vous sur le festival Bien Urbain organisé par l'association Juste Ici.

BESANÇON

24 Globe Sauter
Tenir le monde entre ses mains

Rue du Cercle à Besançon – il n'y a pas de hasard – se cache un atelier bien particulier… Ici, Alain Sauter fabrique depuis quelques années des globes terrestres en plâtre. Géographe, professeur et maître de conférences de métier, passionné par sa discipline, Alain Sauter a découvert le travail des globes grâce à un reportage télévisé parlant de fabricants de globes britanniques, présentés comme les derniers de leur genre en Europe. Intrigué, il s'est lancé le défi de fabriquer lui aussi ces objet et a créé sa petite manufacture dans sa cave.

Le métier n'existant plus, tout était à réinventer : Alain a mis en place ses propres procédés de fabrication et a construit ses propres moules et ses outils, qu'il a perfectionnés au fur et à mesure… Ce métier insolite, Alain en parle avec beaucoup de passion, ce qui lui a valu notamment un reportage dans *La maison France 5*. Cette médiatisation lui a permis de se développer et d'exporter ses globes dans toute l'Europe.

Ces globes, il les conçoit au maximum avec des matériaux locaux : le moulage en plâtre, la peinture et le socle en bois sont faits sur place. Même les cartons d'expédition proviennent de Franche-Comté ! La fabrication s'étale sur plusieurs jours et demande une extrême minutie, du ponçage de la sphère au collage des fuseaux un à un, en passant par la peinture à l'aquarelle. Cette fabrication 100 % maison lui permet de proposer beaucoup d'options de personnalisation : sur demande, il peut réaliser des globes de quatre tailles différentes avec des modèles de cartes anciennes ou modernes, des couleurs particulières d'après des palettes inspirées de ses propres voyages, des dessins de monstres marins et de créatures fantastiques ; il peut y intégrer des îles imaginaires demandées par le client ou encore des trajets de voyages, réalisés ou rêvés.

Aujourd'hui, Alain bénéficie de l'aide précieuse de Cécile, graphiste et sculptrice. De belles idées de cadeaux à offrir, pour décorer un intérieur ou pour étoffer une collection !

Adresse 6 rue du Cercle, 25000 Besançon, www.globesauter.fr | **Accès** Prendre l'A36 sortie 4 direction Vesoul/Besançon puis suivre la D486 | **Horaires d'ouverture** Les visites se font sur rendez-vous | **À savoir** Des globes sont en dépôt-vente chez Utinam, 117-119 Grande Rue à Besançon. Une boutique d'horlogerie magnifique qui vaut le coup d'œil !

25 — Lulu, Muc et le Lapin
Des produits locaux comme un héritage

Il y a quelques années, nous avions fait la connaissance de Luc Bardi et de sa femme Muriel, à l'occasion d'un séjour insolite à bord de leur superbe péniche, accostée sur le Doubs en contrebas de la citadelle de Besançon. En 2020, Luc se lance dans une nouvelle aventure, et pas des moindres ! Son objectif ? Changer de métier et retrouver une nouvelle activité en lien avec l'humain, le partage et la gastronomie.

L'occasion lui est alors offerte de reprendre un magasin fondé par cinq producteurs locaux en 2001, et qui est déjà passé entre plusieurs mains. Lui-même client depuis de nombreuses années, il s'y installe et pose son enseigne « Lulu, Muc et le Lapin », un nom amusant et positif, à l'image de chaque membre de sa famille impliqué dans ce projet. Le magasin est une belle vitrine de promotion pour les producteurs locaux puisqu'il se concentre exclusivement sur des produits de Franche-Comté : des fruits et légumes à la viande, de la charcuterie à la crèmerie et la fromagerie en passant par la cave et les douceurs, salées et sucrées, tous les produits sont fabriqués localement et achetés directement aux producteurs. Début 2021, le magasin était partenaire d'environ 75 producteurs franc-comtois. Chez Lulu, Muc et le Lapin, on aime boucler la boucle : un des producteurs, fondateur de la boutique il y a 20 ans, est aujourd'hui encore fournisseur !

Luc et Muriel aiment aussi dénicher des objets dans les brocantes pour décorer et donner vie à leurs rayons. Ces objets ayant déjà vécu plusieurs vies sont à l'adoption : toute la décoration est à vendre ! Et si vous ne pouvez pas vous rendre en boutique, c'est la boutique qui vient à vous : vous pouvez retrouver leurs étals sur les marchés à proximité de Besançon et à Marnay, en Haute-Saône, ou même vous faire livrer à domicile via la plateforme Teeckers. Et Luc a encore bien d'autres projets sous le coude, cette aventure n'en est qu'à son commencement !

Adresse 52 faubourg Rivotte, 25000 Besançon, www.facebook.com/LULUMUCETLELAPIN | **Accès** Prendre A36 sortie 4.1 Besançon-Palente, poursuivre en direction de Besançon-Centre, traverser le Doubs pour atteindre l'avenue Gaulard et continuer tout droit sur les rives jusqu'au Faubourg Rivotte | **Horaires d'ouverture** Du mardi au jeudi de 8 h 30 à 12 h 30 et de 13 h 30 à 18 h, le vendredi et samedi de 8 h 30 à 18 h | **À savoir** D'autres coups de cœur gourmands à Besançon ? Chez Bon ou encore Bêtises et Volup'thé !

BESANÇON

26 La maison de Victor Hugo
La maison des combats

En France, vous pouvez visiter plusieurs maisons du célèbre écrivain, comme à Paris ou à Guernesey. Mais chez nous, à Besançon, se trouve la maison où il vit le jour le 26 février 1802. Il n'est resté dans cette demeure que quelques années car ses parents partirent pour Paris quand il était encore très jeune ; le lieu n'est donc pas un musée typique rappelant la décoration de l'appartement ou montrant des objets lui ayant appartenu enfant, mais plutôt un univers autour duquel gravite l'âme de l'écrivain philosophe.

La maison est un rappel, une ode aux combats menés par Victor Hugo. Ceux-ci sont présentés à travers des correspondances, des manuscrits ou des discours. Car au-delà de ses écrits romanesques, Victor Hugo était un justicier, luttant contre la pauvreté, les inégalités sociales ou pour les droits de l'enfant. C'était surtout un infatigable combattant de la liberté. Au rez-de-chaussée se trouve un écran tactile intéressant qui présente diverses personnalités ayant un lien avec Besançon. En montant à l'étage, une chronologie en lien avec l'engagement politique et idéologique de Hugo permet de mettre en lumière certains événements : vous y retrouverez son exil suite au coup d'État de Napoléon, durant lequel il en profitera pour terminer *Les Misérables* depuis sa maison à Guernesey. Autre moment fort : devenu leader d'une gauche républicaine, il tint des discours contre la misère et pour la défense des libertés. À l'étage, plusieurs espaces dédiés aux causes qu'il défendait sont présentés, avec des témoignages, des bribes de ses romans, dont beaucoup sont tirés de son œuvre la plus célèbre. Ces parcelles de souvenirs sont fortes et trouvent encore un écho dans notre société actuelle. C'est là qu'on se rend compte à quel point Victor Hugo a été un précurseur et qu'il a laissé une empreinte indélébile dans nos inconscients et dans la société.

La visite n'est pas très longue, mais elle suffit à mettre en avant les combats qu'il a menés toute sa vie, depuis sa plus tendre enfance où il découvrit le concept de la liberté…

Adresse 140 Grande Rue, 25000 Besançon, maisonvictorhugo.besancon.fr | **Accès** Prendre A36, sortie Besançon-Centre | **Horaires d'ouverture** Tous les jours sauf mardi, de 10 h 30 à 18 h | **À savoir** Allez prendre le goûter chez Marotte et Charlie, petit lieu cosy avec une jolie cave voûtée et des mignardises faites maison !

27 — La grotte de la tante Arie
La mère Noël du pays de Montbéliard

Le pays de Montbéliard peut se vanter d'avoir sa mère Noël, véritable fée bienfaitrice, en la personne de la tante Arie. Ici, c'est une vraie légende que l'on attend chaudement tous les 24 décembre au pied de son lit pour recevoir protection pour l'année suivante. Mais qui est-elle ? La tante Arie serait la réincarnation de Henriette de Montbéliard, régente du comté de Montbéliard au XVe siècle, après la mort de son mari, devenue la protectrice généreuse des habitants de son fief. La bonne femme se serait réincarnée en une vieille dame au visage encore jeune, mais aux cheveux blancs, cachés sous son bonnet à diairi, vêtue comme une paysanne et toujours accompagnée de sa fidèle ânesse, Marion.

On raconte qu'elle écouterait les rêves des enfants portés par le vent en mettant son oreille aux parois de la grotte où elle réside. Le soir du 24 décembre, elle descendrait voir les habitations avec Marion, gratifiant les enfants sages de gâteaux, d'oranges ou de marrons – les enfants moins sages, eux, recevant un bonnet d'âne. Les parents ne seraient pas oubliés et se verraient récompensés de la bonne tenue de leur foyer par une pièce d'or.

Tante Arie vivrait dans d'autres grottes, comme celle du Milandre à Boncourt, en Suisse, ou à Vyans-le-Val en Haute-Saône, mais sa résidence principale aurait été celle de la Combe à Pierrefontaine-lès-Blamont. On peut encore voir des offrandes qui lui sont faites : des fleurs, du gui, du pain ou du lait déposés dans un petit creux à l'entrée de la grotte. Cette tradition qui perdure apporterait protection tout au long de l'année, alors n'hésitez pas à laisser à votre tour un petit quelque chose. La grotte est peu profonde, mais suffisante pour devenir un logement en cas de nécessité : on peut y voir des inscriptions de nature religieuse datant des XVIIIe et XIXe siècles. Elle se trouve sur un chemin de randonnée aussi sympathique que bucolique où vous découvrirez l'histoire de Blamont et des fontaines disséminées sur le parcours de la balade.

Adresse 25063 Blamont | **Accès** Prendre A36 sortie 7 direction Audincourt/Bavans puis D35. Se garer rue Jules-Viette et suivre le circuit des bornes jusqu'à la grotte de la tante Arie | **À savoir** À quelques minutes de là, faites le plein de fromages régionaux aux Fruitières du Lomont.

28 — La brasserie La Rouget de Lisle

Des bières aux airs de Marseillaise

Saviez-vous que le compositeur de notre hymne national, *La Marseillaise*, était jurassien ? Claude Rouget de Lisle est né à Lons-le-Saunier. Et c'est sur ses terres, à Bletterans, que sont produites les bières à son nom.

C'est un vrai zythologue, Bruno Mangin, qui a fondé la brasserie Rouget de Lisle en 1994. Cet ancien cuisinier est passionné depuis son plus jeune âge par la bière – on raconte même qu'il faisait ses propres préparations dans sa cuisine à 16 ans ! Après avoir voyagé dans le monde entier et découvert des techniques et recettes d'autres pays, il a monté avec sa femme un premier restaurant, avant d'aménager la brasserie à Bletterans, non loin de la maison du célèbre compositeur. D'ailleurs, à Lons-le-Saunier, la boutique de la brasserie se trouve dans la maison de natale de Rouget de Lisle. Bruno est passionné par les bières, mais aussi par sa région, et c'est tout naturellement à travers ses breuvages qu'il en parle le mieux. Il n'hésite pas à utiliser des ingrédients et plantes aromatiques naturels et locaux, comme la gentiane, la griottine, le miel du Jura, ou encore de la farine de Gaude ou du cassis. Il pratique une fermentation haute ou basse avec une garde longue de 28 jours minimum.

Aujourd'hui, ce n'est pas moins de 22 bières en bouteille que propose la brasserie, toutes avec des noms originaux, qui rappellent, là aussi, la Franche-Comté : la Montbéliarde, la Baume les Messieurs (notre préférée), la Combe aux loups, la Blanche des plateaux… Il produit aussi des bières de saison et a également développé une partie distillerie, produisant des whiskys avec des malts à 98 % français, dont la maturation se fait en fûts de vin du Jura. Savagnin, vin de paille, Macvin, les arômes des vieux fûts peuvent donner aux whiskys une note unique. Franc-comtois jusqu'au bout ! La brasserie porte fièrement aussi le label Made in Jura qui valorise les produits de la région.

Adresse Rue Verne, 39140 Bletterans | **Accès** Prendre D33 depuis Commenailles | **Horaires d'ouverture** Du lundi au vendredi de 14 h à 18 h, et le samedi de 9 h à 12 h et de 14 h à 18 h | **À savoir** Allez visiter le château d'Arlay, unique pour son bâtiment du XIIe siècle, son jardin remarquable et son parcours sensoriel sur les vignes.

CHAMPAGNEY

29 — L'escargotière des Chênes
Des escargots, mais pas que

Les escargots, on aime ou on n'aime pas. Mais depuis notre rencontre avec Sylvain et Valérie Prevot à l'escargotière des Chênes, c'est un fait : on adore ça ! Ce coup de cœur est en partie dû à leur spécialité, les fromentines. Une idée géniale : les escargots, bien triés et débarrassés de tous les éléments qui pourraient déranger sous la dent, sont placés dans des coquilles en pâtes croustillantes et agrémentés d'une garniture (Comté, chèvre, bourguignonne…) Des recettes qui, pour certaines, ont été récompensées. Voilà comment commencer à apprécier les escargots !

L'exploitation a débuté après la reconversion professionnelle de Sylvain, qui souhaitait se lancer dans la production de quelque chose qu'il pourrait maîtriser du début à la fin. Après une formation à Besançon, il se lance dans l'héliciculture. C'est environ 160 000 petites bêtes qui grandissent ici chaque année. Les escargots arrivent à maturité au bout de quatre mois. Élevés sur de grandes planches de bois, ils sont nourris et prennent l'eau tous les jours. Avez-vous déjà entendu un escargot manger ? Quand ils sont des milliers à sortir se nourrir en même temps, vous serez étonné du bruit que cela peut faire ! Une expérience surprenante que vous pourrez vivre lors des repas 100 % escargots organisés pendant l'été.

Depuis peu, l'exploitation se diversifie et une ferme pédagogique a ouvert pour les groupes et les scolaires : elle propose un parcours découverte, des balades sensorielles guidées par une accompagnatrice spécialisée, des balades avec les ânes… Ici, tout est fait pour éveiller petits et grands aux richesses de l'environnement.

Les produits à base d'escargots se retrouvent sur les étals des marchés auxquels participent Sylvain et Valérie, mais également dans la boutique de producteurs Comme à la Ferme à Champagney. Sylvain et Valérie font aussi partie du réseau France Passion en accueillant les camping-cars en étape. À l'escargotière, ce ne sont pas les idées qui manquent !

Adresse 3 impasse des Boutons-d'Or, 70290 Champagney, https ://escargotieredeschenes.jimdofree.com/ | **Accès** Prendre N19 sortie 15 Ronchamp/Luré-Est puis D619 jusqu'à Champagney | **Horaires d'ouverture** La boutique est ouverte toute l'année, les repas se font sur réservation | **À savoir** Ne manquez pas une pause nature au bord du bassin de Champagney.

30 La Maison de la Négritude

Des Comtois pionniers des droits de l'Homme

En visitant la Haute-Saône, beaucoup passent devant ce petit musée de centre-ville sans y prêter grande attention. Pourtant, sa présence pose question : pourquoi un musée de la négritude à Champagney ? Quel est le lien entre cette thématique et la ville haut-saônoise ? La réponse se trouve en poussant la porte du musée, dont la muséographie a été complètement revue en 2019.

En entrant, vous vous retrouvez face à une reproduction grand format de l'objet qui a tout déclenché : un article, dans un cahier de doléances datant de 1789, écrit par les Champagnerots à destination du Roi de France. Ce texte dénonce la condition des esclaves noirs dans le monde et demande l'abolition définitive de cette pratique barbare – étonnant de la part d'un village de Franche-Comté, où ces questions étaient loin des préoccupations de l'époque. L'article 29 aurait été inspiré aux habitants de Champagney par Jacques-Antoine Priqueler, garde du corps de Louis XIV, originaire de la ville et bien instruit. Profondément humaniste, Priqueler évoqua également un rejet des produits issus des colonies pour montrer le désaccord des Champagnerots. Malheureusement, son appel n'a pas été entendu et son combat est tombé aux oubliettes.

C'est un historien local passionné, René Simonin, qui a sorti des archives départementales ce texte insolite et unique en son genre qui a été à l'origine de ce musée. La Maison de la Négritude s'attache à faire connaître l'histoire du texte et l'histoire de l'esclavage à travers une belle exposition. Dans la première salle notamment, on est frappé par la reconstitution d'une cale de bateau. Une mise en scène réaliste qui secoue. L'exposition permanente est complétée par des expositions temporaires, en prise avec l'actualité. La Maison de la Négritude fait partie de la route des abolitions de l'esclavage, qui compte cinq sites dans le quart nord-est, dont le château de Joux (voir chap. 52).

Adresse 24 Grand Rue, 70290 Champagney, www.maisondelanegritude.fr | **Accès** Prendre A36 sortie Belfort, N19 sortie Roye, puis direction Champagney | **Horaires d'ouverture** Du 1er avril au 31 octobre du mardi au vendredi de 10 h à 12 h et de 13 h 30 à 17 h 30 ; du 1er novembre au 31 mars du mardi au samedi de 13 h 30 à 17 h 30, fermé durant les vacances de Noël | **À savoir** À 10 minutes de là, ne manquez pas la chapelle Notre-Dame-du-Haut, créée par Le Corbusier et inscrite au patrimoine mondial de l'UNESCO.

31 Le camp de César
Des rochers à la vue panoramique

Le camp de César porte bien mal son nom puisque le célèbre Romain n'a jamais mis les pieds en Haute-Saône ! L'origine de ce nom s'est perdue dans le temps, devenant une véritable énigme. Perché à environ 380 mètres d'altitude, le plateau rocheux est empreint d'une riche et longue histoire. On estime, à la suite de fouilles archéologiques, que les grottes en contrebas des rochers étaient habitées aux ères néolithique et paléolithique ; des silex et des ossements y ont été retrouvés. Le site est d'ailleurs classé à l'inventaire national du patrimoine naturel ainsi qu'en zone Natura 2000. Le plateau calcaire offre une vue à 360 degrés avec, d'un côté, un panorama complet sur la vallée du Durgeon, le village de Vaivre-et-Montoille et le lac de Vaivre et de l'autre côté, la côte du Gardion, le superbe village de Chariez et ses vignobles.

Un des chemins pour monter au camp débute d'ailleurs à Chariez. Vous pourrez y voir de toutes mignonnes maisons de vignerons datant des XVIIe et XVIIIe siècles et, un peu plus haut perchée, la chapelle Notre-Dame-de-la-Salette. Plus insolite, en sortie de village, vous pourrez admirer des émeus et des daims ! Un circuit de vélo part également du village et rejoint les rives de la Saône.

Une autre particularité du site est le nom de ses rochers, qui s'inspire de leurs formes. On y retrouve donc la Guillotine ou le Pintet (un pintet était une demi-pinte). Et comme on aime bien les histoires par ici, vous trouverez aussi la Pierre qui Vire, car, paraît-il, tous les 100 ans, à minuit le jour de Noël, elle se met à tourner sur elle-même et fait tourner la tête de ceux qui s'en approchent ! Mais si vous grimpez tout en haut, perché sur ces rochers (avec prudence car ils ne sont pas sécurisés), vous vivrez une expérience unique, une sensation de dominer toute la plaine qui s'offre à vous, avant de déambuler à travers les blocs de pierre et, peut-être, admirer des départs de vols en deltaplane ou en parapente. À l'automne, la lumière au soleil couchant est magnifique, alors que les différentes teintes mordorées illuminent le paysage.

Adresse 70000 Chariez | **Accès** Prendre N57 jusqu'à Chariez | **À savoir** Flânez dans Chariez, petite cité de caractère pleine de charme et de petites maisons, de lavoirs, avec un beau clocher en tuiles vernissées.

32 — Les échelles de la mort
Sur les traces des contrebandiers

« Faire la bricotte » était monnaie courante en Franche-Comté, et plus particulièrement à Charquemont. Et pour éviter d'avoir affaire aux gabelous, on utilisait des échelles en bois. Vous ne comprenez rien ? C'est normal ! Aux XVIIIe et XIXe siècles, après une hausse des taxes, les Francs-Comtois n'ont pas hésité à franchir la frontière pour dépouiller leurs voisins suisses : ils ramenaient à dos d'homme leur butin composé bien souvent de sel, de tabac, d'alcool et de pièces d'horlogerie. Pour échapper aux douaniers, ils utilisaient des échelles de bois posées à même la roche. C'était l'époque de la contrebande !

Aujourd'hui, les échelles en bois ont été remplacées par des échelles métalliques fabriquées et fixées dans la roche par des forgerons locaux, les frères Louvet. Au nombre de trois, elles font la joie des marcheurs qui peuvent se prendre pour des bandits le temps d'une randonnée de 8 kilomètres, pour un total de quatre heures de marche avec un dénivelé de 549 mètres. Elle commence en haut des falaises, d'où vous pourrez admirer la grotte des Moines et avoir un premier aperçu sur la vallée du Doubs. Vous descendrez ensuite pour longer la rivière, où vous tomberez sur des spots parfaits pour tremper les pieds dans l'eau claire et fraîche. Ensuite, direction les échelles. Fixées à même la roche, elles offrent une véritable sécurité aux randonneurs. Et même si vous êtes sujets au vertige, ayez confiance. Une fois le pied sur le premier barreau, vous ne ressentirez pas de peur, mais une impression de grandeur. Des frissons d'antan pourront même vous parcourir le dos quand vous imaginerez ce qui pouvait se cacher là, quelques siècles auparavant. Une fois tout en haut, vous serez récompensé par un panorama magnifique sur les gorges du Doubs, aux allures de canyon. Le retour se fait à travers sous-bois et clairières, pas de quoi s'ennuyer !

Pour les plus téméraires, au pied des échelles se trouve le point de départ d'une via ferrata. D'une longueur de 500 mètres pour une durée de deux heures, elle vous mènera, de pont de singe en tyrolienne, voir ce site naturel d'encore plus haut, à même la roche.

Adresse Le départ se fait depuis le parking du belvédère de la Cendrée, sur la commune de Charquemont | **Accès** Prendre la D464 direction Charquemont/La Chaux-de-Fonds, puis continuer sur la D464 et tourner ensuite à gauche en suivant la D10E1, jusqu'au parking de la Cendrée | **À savoir** Non loin se trouve la Combe Saint-Pierre, une station de ski ouverte été comme hiver avec des activités pour toute la famille.

33 Le Grand Méandre de Charencey

En prendre plein la vue

Cette randonnée vous amènera à l'un des plus beaux points de vue de la région de la Loue. Pas besoin d'être un marcheur chevronné, elle n'a pas beaucoup de dénivelé, elle est donc accessible aux enfants. Le départ vous fera longer la Loue. Cette rivière est une résurgence du Doubs et coule dans les départements du Doubs et du Jura. Ce début de balade donne le ton, dans une ambiance bucolique et champêtre, avec de l'autre côté de la rive un moulin en pierre et bois.

Rapidement, vous arriverez au charmant village de Chenecey-Buillon, où vous pourrez apercevoir au loin son pont à 5 arches qui date de 1835. En le traversant, vous pourrez monter aux ruines du château de Charencey. Cet ancien château médiéval est situé tout en haut d'une colline et offre déjà une vue superbe sur la Loue et sur toute la région ; un endroit parfait pour pique-niquer et se promener dans les ruines. En redescendant, vous traverserez le village, fort agréable avec ses vieilles maisons, dont une à tourelles, son église paroissiale et des anciennes forges avec leur barrage sur la Loue. Dans le village se trouve le château de Buillon, ayant appartenu au peintre James Tissot, et c'est dans son jardin qu'ont été retrouvées des ruines de l'abbaye cistercienne Notre-Dame de Buillon. Ce tout petit village regorge d'un patrimoine historique très riche !

Remontez un peu dans les sous-bois pour arriver au point d'orgue de cette escapade pédestre : le Grand Méandre. Cette particularité géologique offre un incroyable panorama sur la vallée de la Loue, c'est magnifique ! On peut apercevoir en face les ruines du château visitées quelques minutes auparavant, ainsi que le moulin du début de la balade. Un spectacle où la contemplation est immédiate et, si vous avez un peu de chance, vous croiserez peut-être des chamois ! Au total, la randonnée fait 11 kilomètres. Il faut compter environ 4 heures de marche, mais vous ne les verrez pas passer tant il y a de choses à admirer autour de vous.

Adresse 25440 Chenecey-Buillon | **Accès** Prendre N83 direction de Chenecey-Buillon puis D110, garez-vous sur un parking à camions sur votre gauche | **À savoir** Visitez les jardins du château de Cléron, à 9 kilomètres de Chenecey-Buillon.

COLOMBIER

34 Le café-brocante du château

Pour l'amour des vieux objets

Nous avons un faible pour les concepts originaux et hybrides : les cafés-brocantes font partie de ces lieux que nous recherchons et où nous aimons passer du temps. Par chance, il en existe un très sympa, à 15 minutes de Vesoul, dans le village de Colombier. Le cadre n'est d'ailleurs pas banal puisqu'il faut entrer dans la cour d'un superbe château pour le dénicher : le café-brocante se trouve à l'étage des dépendances !

Ici, tous les éléments sont réunis pour plaire aux amoureux des objets qui ont une histoire. Toutes sortes de babioles sont disposées à travers différentes salles – le couloir, le salon, la cuisine, et même les toilettes –, et tout est à vendre, de la décoration au mobilier en passant par la vaisselle dans laquelle vous buvez votre thé. De ce fait, le café change constamment de décoration – pratique ! Disposés par thème et joliment mis en lumière, ces vestiges d'un autre temps attendent le coup de cœur d'un collectionneur ou d'un visiteur.

Peter et Corinne, un couple de passionnés arrivés de Suisse il y a plus de 20 ans, ont racheté le château et ont créé ce café-brocante. Ainsi, ils ont eu l'opportunité de sauver un commerce de bouche et de boisson tout en créant un lieu atypique et convivial ; l'occasion de faire vivre leur passion de la brocante en conservant un lieu vivant à Colombier. Voilà maintenant une dizaine d'années que le café existe et rassemble des passionnés de tous horizons les fins de semaine, du vendredi au dimanche. En été, la terrasse est très agréable et offre une belle vue sur la tour derrière le château. En hiver, on préfère le coin douillet au fond du salon, près du feu ! Sur la carte, vous trouverez des boissons classiques, mais aussi des thés glacés maison de saison, une belle sélection de whiskys, ou encore la fameuse absinthe servie de manière traditionnelle, à la fontaine (à consommer avec modération, bien sûr).

Adresse Rue de Coulevon, 70000 Colombier, www.cafe-brocante.com | **Accès** Depuis Vesoul, prendre la RN57 en direction de Luxeuil-les-Bains. À Colombier, suivre les panneaux « Café-broc » jusqu'au portail du château | **Horaires d'ouverture** Vendredi, samedi et dimanche de 16 h à 21 h | **À savoir** Vesoul est à 6 kilomètres, n'hésitez pas à aller admirer le coucher du soleil depuis la Motte.

35 Le cirque de Consolation
Lieu naturel propice à la sérénité

Le cirque est une reculée naturelle due à un effondrement glaciaire. Les falaises de plus de 350 mètres ont donné naissance au Dessoubre, affluent du Doubs, ainsi qu'aux sources du Tabourot et du Lançot. Cette dernière est une cascade d'une hauteur de 47 mètres au débit impressionnant à la sortie de l'hiver ou par temps de pluie. Elle coule au creux du cirque et devient après sa chute le ruisseau du Lançot.

C'est cette cascade entourée de falaises qui rend ce paysage si particulier. L'eau bruisse au cœur d'une nature verdoyante, sauvage, où les pierres et les branches d'arbres sont recouvertes de mousse, nous emmenant dans un univers presque poétique. Le lieu dégage une quiétude unique qui explique le nombre de personnes venant se ressourcer ou méditer face à la cascade. Cette ambiance est sûrement due à son passé monacal, car il s'y trouve un ancien monastère, construit au XVIIe siècle. Les moines de l'ordre des Minimes investirent les lieux sur la demande d'un marquis. Le monastère fut utilisé jusqu'à la Révolution française et transformé ensuite en séminaire. Aujourd'hui, il sert de lieu de culte et de manifestations culturelles gérés par la fondation du Val de Consolation. La chapelle peut se visiter et les messes sont ouvertes au public.

Une fois dans le parc, vous pouvez vous promener à votre guise, admirer un arboretum et un jardin botanique. Le site est protégé et permet d'observer une faune et une flore regorgeant d'espèces rares, comme des chamois, mais aussi des faucons pèlerins. Des panneaux explicatifs sous les arbres et des petites énigmes rendront la balade attractive pour les petits comme pour les grands. Pour les marcheurs, il existe des sentiers de randonnée au départ du village de Consolation-Maisonnette, mais prenez le temps de monter jusqu'à la Roche du Prêtre afin d'avoir un panorama exceptionnel sur la vallée du Dessoubre. Vous pourrez même apercevoir le monastère et la cascade du Lançot. On raconte qu'un géant habitait ici et qu'une roche cachait l'entrée de sa grotte…

Adresse 25161 Consolation-Maisonnettes | **Accès** Prendre A36 sortie 6 Clerval puis D31 et D464 direction Charmoille et suivre les panneaux « Cirque de Consolation » | **À savoir** Un peu plus haut que le monastère se trouve une tyrolienne géante, départ depuis le parking de l'Auberge de la Source.

COURTELEVANT

36 Le moulin de Courtelevant

Apprendre à faire de la farine à l'ancienne

Au fin fond du Territoire de Belfort, à la limite avec la frontière suisse, se trouve le petit village de Courtelevant. Et dans ce petit village trône un bâtiment unique, classé aux monuments historiques, un lieu avec une grande histoire, qui plaît aux petits et aux grands : le moulin de Courtelevant. C'est un vrai moulin hydraulique, qui produit encore de la farine et qui est tenu par la même famille depuis plus de 200 ans. Le moulin de la famille Marion date du XVIIe siècle : après avoir appartenu au seigneur de Florimont vers 1648, c'est en 1805 que la famille achète ce bien. 50 ans plus tard, un terrible incendie ravage complètement le bâtiment qui fut donc entièrement reconstruit par la suite. Il a produit de la farine jusqu'en 1905.

Le moulin est composé de plusieurs étages qui ont tous une fonction bien particulière. Au rez-de-chaussée, vous trouverez la roue hydraulique qui tourne grâce à l'eau de la Vendeline, rivière qui prend sa source en Suisse, à quelques kilomètres de là. La roue à augets fait presque 5 mètres de diamètre et son axe en chêne massif centenaire est impressionnant. Tous les engrenages nécessaires sont visibles, dont certains sont encore en bois, d'autres en fer. Au 1er étage, il y a quatre grosses meules qui servent à broyer les grains de blé ; la mouture part ensuite au 3e étage dans les trémies, où une drôle d'alarme prévient quand il n'y a plus de blé. C'est un coq en ferraille, mais nous ne dirons rien de plus, il faut le voir ! Aux 2e et 4e étages, on trouve l'espace des bluteries qui permettent de produire soit de la farine, soit de la semoule.

L'association des Amis du moulin de Courtelevant a été créée en 1988 et participe à son entretien, à la rénovation et aux animations du moulin-musée. D'ailleurs, Raymond Forni, ancien président de l'Assemblée nationale, a été à l'initiative de cette association. C'est une fascinante leçon d'histoire que nous offre Patrick, le maître des lieux.

Adresse 10 rue de l'Église, 90100 Courtelevant, www.gites.moulincourtelevant.fr |
Accès Prendre A36 sortie Exincourt/Étupes puis D463 | **À savoir** Allez faire la balade du Kilomètre zéro à Pfetterhouse qui vous emmènera sur les traces de la Première Guerre mondiale, dans les territoires français, suisses et allemands de l'époque.

37 _ La grotte de Cravanche
Un trésor maintes fois oublié

Peu de gens savent qu'il existe une grotte dans les bois entre Belfort et Cravanche. Et pour cause, si elle a été découverte pour la première fois en 1876, elle a été ensuite plusieurs fois oubliée et laissée à l'abandon, ce qui a malheureusement entraîné des dégradations importantes en son sein. Si elle a, par exemple, servi de glacière à des brasseurs locaux qui ont pris soin des lieux, elle a également été utilisée comme décharge de pneus. Classée monument naturel à caractère artistique en 1911, elle est aujourd'hui protégée et fermée au public la plupart du temps. Vous pourrez néanmoins y accéder grâce aux visites organisées par l'office de tourisme de Belfort et lors des Journées européennes du patrimoine.

La grotte de Cravanche a été formée par une faille causée par la rencontre de deux roches issues de deux massifs différents : le schiste des Vosges et le calcaire du Jura. Elle a été mise au jour au hasard d'explosions, lors de l'extraction par des ouvriers de la roche ayant servi à la construction du fort du Salbert. Pendant de nombreuses années, la grotte était visitée par les jeunes du village qui venaient y chercher un endroit loin du monde.

Pour y accéder, il faut emprunter un sentier de forêt parsemé de panneaux explicatifs qui font doucement remonter le temps. Pénétrer dans la grotte, accompagné d'un guide, laisse perplexe. Difficile d'imaginer en effet que ces bois communs, d'une taille modeste, cachent une grotte si imposante, composée de trois belles salles dont la plus grande est haute d'une dizaine de mètres. Dans une autre a été découverte une nécropole datant du néolithique. Une partie des vestiges – poteries, outils, parures et crânes d'animaux – est exposée au musée de Belfort.

Aujourd'hui, la grotte abrite une tout autre colonie d'habitants : des chauves-souris y ont en effet élu domicile pour passer l'hiver, d'où l'impossibilité d'explorer la grotte de novembre à avril. Et même pendant les mois d'été, n'oubliez pas votre petite laine, car dans la grotte, il ne fait pas chaud !

Adresse Les visites se font au départ de la salle polyvalente La Cravanchoise, 6 rue Aristide-Briand, 90300 Cravanche | **Accès** Depuis Belfort (autoroute A36 sortie Belfort-Centre), prendre D116 direction Châlonvillars | **À savoir** Penchez-vous sur le programme des visites guidées de Belfort Tourisme, très intéressant et original. Ne tardez pas à réserver vos visites, elles sont souvent prises d'assaut (www.belfort-tourisme.com).

38 Les bisons du Sachuron
Les bisons du Doubs

Eh oui, des bisons dans le Doubs, c'est possible ! Vous aussi, venez découvrir cet animal emblématique de l'Amérique du Nord dans le petit village de Damprichard. David, l'exploitant, a repris le flambeau de la ferme en 2018 après être tombé amoureux de cette espèce lors d'un stage en Haute-Saône. Le voilà maintenant à la tête d'un troupeau de 70 bêtes.

Aujourd'hui, il propose des visites pour venir découvrir son animal fétiche, le bison. Dans une charrette sécurisée, il vous emmènera au cœur même du corral, au plus près des animaux, toujours dans le respect de la sécurité de ses hôtes. Il vous parlera de cette race imposante (plus d'une tonne quand même !), qui peut courir à 60 kilomètres par heure, vivre jusqu'à -35 degrés – d'où le fait qu'elle reste dehors toute l'année –, et de sa nourriture, composée exclusivement de foin. Vous serez impressionné par les mâles, imposants par leur musculature et leur attitude dominante, mais vous serez également attendris par le comportement maternel des femelles envers leurs petits. Ces bovins vivent tranquillement au grand air du Haut-Doubs dans des champs de plus de 45 hectares. Vous pourrez même vous approcher de Buffalo, la mascotte de la ferme. C'est un petit bison que David a recueilli à sa naissance, car sa mère l'avait abandonné, préférant s'occuper de son jumeau. Dès lors, à coups de biberons, d'attentions et de caresses, Buffalo et David ont développé une relation incroyable, presque comme si c'était un animal domestique.

Lors de ces visites, en plus de la découverte du cheptel, vous pourrez déguster de la charcuterie de bison. Saucisse sèche, saucisson ou terrine, vous découvrirez cette viande tendre et peu calorique. Une boutique propose toutes sortes de produits comme des civets, des filets, des steaks, etc. David se fera un plaisir de vous expliquer comment cuisiner cette viande. Pas de limite d'âge pour venir visiter la ferme du Sachuron, ce sera toujours un bon moment à passer en famille !

Adresse Route de Roichenoz, 25450 Damprichard | **Accès** Prendre A36 sortie 6 direction Clerval puis D34 et D464 jusqu'à Damprichard. Sortir du village et suivre les panneaux jaunes « Bisons » | **Horaires d'ouverture** D'avril à octobre, réservation obligatoire auprès de l'office de tourisme de Maîche au 03 81 64 11 88 | **À savoir** Allez admirer le superbe panorama sur le Haut-Doubs depuis la corniche de Goumois – vous vous sentirez alors un peu franco-suisse, car le village est à cheval sur les deux pays.

39 La madone de Dampvalley

Curiosité cachée en pleine campagne

Cet étrange monticule de pierres, caché dans un grand bosquet au milieu de la campagne haut-saônoise, intrigue tout ceux qui ne connaissent pas son histoire. L'origine de cette construction mystérieuse est bien triste : dans les années 1840, une épidémie de choléra frappa très durement la Haute-Saône. Si elle se propagea particulièrement dans les grandes villes comme Gray ou Vesoul, les campagnes ne furent pas épargnées. Pour tenter de calmer le phénomène, les instances religieuses de la région multiplièrent les prières et les preuves de foi envers la Vierge : on construisit notamment le monument de la Motte à Vesoul (voir chap. 108) à partir de l'an 1855, et de nombreuses autres localités investirent dans la construction de monuments et de croix afin de s'attirer une protection divine et d'endiguer l'épidémie.

La même année, l'abbé Christin entreprit ainsi l'élévation d'un monument au but similaire à Dampvalley-lès-Colombe. Sous sa direction, tous les paroissiens – jusqu'aux élèves des écoles alentour – s'attelèrent à la construction de cet édifice atypique : un cône en pierres brutes de 18 mètres de diamètre et de 10 mètres de haut. À son sommet, une statue de la Vierge en fonte. Plusieurs constructions ont investi les lieux autour d'elle sur un rayon de 3 000 mètres carrés : des abris pour pèlerins, un oratoire, un autel, et d'autres dont on ignore la fonction. Un pèlerinage est encore aujourd'hui organisé chaque année, le 15 août, à l'occasion de l'Assomption.

Si le monticule de pierres est sans aucun doute à vocation religieuse, il est aussi un point d'intérêt notable pour les promeneurs et les randonneurs. Le lieu, à l'écart dans la campagne, est propice au calme et à la réflexion. On aime particulièrement s'y rendre pour savourer une petite parenthèse de zénitude, que ce soit au printemps, quand les arbres commencent à verdir, ou à l'automne, quand ceux-ci se parent de belles couleurs chaudes.

Adresse 70000 Dampvalley-lès-Colombe | **Accès** L'accès à la Madone est fléché depuis la N19 qui mène à Dampvalley-lès-Colombe | **À savoir** Amateurs de patrimoine local, les villages alentour sont riches en jolis lavoirs.

40 — Le café-épicerie de la gare

Un début de voyage appétissant

Qui aurait cru qu'un jour, vous pourriez manger dans une gare, et pas seulement quand vous avez une heure de libre avant l'arrivée de votre train ? Eh bien, c'est possible depuis 2013 grâce à l'association Chacasol qui a repris une activité oubliée au sein de la gare. Mais l'association ne s'est pas contentée d'apporter une offre gustative, elle s'est également investie dans différentes missions sociales.

Tout d'abord, la partie restauration. Du lundi au samedi, le midi, un service de repas est possible avec une version snack, type sandwich, ou avec des plats faits maison issus de circuits courts ou locaux dans la mesure du possible. Le mardi vous est proposé un menu bio et végétarien. Vous pourrez manger en salle et, quand la météo le permet, déjeuner à l'ombre des arbres, sur une terrasse extérieure. Si vous souhaitez rapporter quelques douceurs *made in* Franche-Comté, c'est possible grâce à l'épicerie qui se trouve à l'intérieur de l'établissement et qui propose des produits locaux. Vous y trouverez aussi bien du vin d'Arbois, que des bocaux gourmands de chez Jacot Biley ou encore des condiments des Jardins Nomades.

L'endroit est si agréable que l'on en oublierait presque que l'on se trouve dans une gare. Vous serez probablement amené à croiser des voyageurs puisque c'est également un lieu de passage pour les arrivants et fait service de ventes de tickets de train et de bus. Vous pourrez partir à la découverte du Territoire de Belfort grâce aux prospectus de l'office de tourisme à trouver sur place. Toutes ces activités sont gérées par l'association Chacasol (CHAntier CAfé SOLidaire) qui emploie des personnes en situation d'insertion sociale et professionnelle, leur permettant ainsi d'acquérir des compétences et leur offrant un réseau. Que du local ici, que ce soit dans l'assiette ou dans les initiatives, le café-épicerie de la gare est un lieu de vie qui dynamise la petite ville de Delle !

Adresse 21 avenue du Général-de-Gaulle, 90100 Delle | **Accès** Prendre l'A36 sortie Belfort puis N1019 direction Delle/Suisse | **Horaires d'ouverture** Ouvert du lundi au samedi de 6 h 30 à 18 h 30 | **À savoir** Allez découvrir l'histoire de la famille Japy au musée Japy à Beaucourt, qui retrace l'épopée de cette famille pionnière de l'industrie horlogère et d'autres inventions qui ont changé la vie quotidienne des habitants.

41 Le rucher de Saint-Desle
Des abeilles à l'hydromel

L'hydromel a un petit côté mystérieux, ancestral, réservé à certaines occasions, et ce n'est sûrement pas pour rien qu'il était surnommé « la boisson des dieux ». Autant d'idées préconçues sur ce breuvage qu'ont voulu défaire Christophe et Corinne Duchanoy, deux anciens ingénieurs dans l'industrie agro-alimentaire qui ont pris un virage à 180 degrés dans leur carrière professionnelle.

C'est dans le petit village d'Esprels, au cœur d'une vieille ferme familiale rénovée, qu'ils ont créé leur laboratoire, entouré de leurs ruches, pour redonner à l'hydromel ses lettres de noblesse. S'il signifiait au temps des Vikings la force et l'immortalité, peu de gens savent aujourd'hui qu'il est un vin de garde et qu'il peut accompagner viandes blanches, poissons, entrées ou desserts lors d'un repas. Soucieux de fournir un produit le plus naturel possible, Christophe et Corinne travaillent seuls et font tout eux-mêmes. Leurs abeilles butinent au grand air de Haute-Saône, que ce soit à Esprels en plaine, ou à Saint-Bresson, où elles prennent un peu de hauteur. Pas de transhumances d'abeilles par ici. Et dans l'élaboration de l'hydromel, pas de chauffage du moût ni d'ajout de sulfites inutiles, pas de filtration du vin, mais plusieurs étapes de clarification avant la mise en bouteille. Le couple veut aussi tordre le cou au cliché de l'hydromel comme une boisson très sucrée. C'est pourquoi ils proposent une gamme sèche, mi-sec ou mi-doux – il y en a pour tous les goûts ! Le design n'a pas non plus été laissé de côté puisque leurs bouteilles sont très élégantes, transparentes afin d'admirer la robe, apprécier les différentes teintes, un vrai plaisir pour les yeux…

Christophe et Corinne travaillent avec un œnologue afin de conseiller au mieux leurs clients sur les associations mets-vins et faire connaître davantage cette boisson qui est, rappelons-le, la plus ancienne des boissons fermentées connues à ce jour ! La révolution de l'hydromel n'est pas près de s'arrêter, puisque le couple prévoit encore d'autres déclinaisons de cette boisson.

Adresse 10 rue de la Fontaine-de-Saint-Desle, 70110 Esprels | **Accès** Prendre la N19, sortie Lure. Depuis Lure, prendre D486 direction Esprels | **Horaires d'ouverture** Retrouvez tous leurs produits sur lerucherdesaintdesle.fr | **À savoir** Profitez-en pour visiter le château de Vallerois-le-Bois, château du XIVe siècle perché sur son rocher.

42 — Le gouffre de Poudrey
Sons et lumières dans les entrailles de la Terre

Entre Besançon et Pontarlier, un lieu étonnant se prête à la visite en famille ou entre amis. Impossible de se douter de ce qui se cache sous nos pieds en arrivant sur le site du gouffre de Poudrey. Celui-ci a été découvert au début des années 1900, et des travaux titanesques ont été nécessaires pour le rendre accessible au public, avec notamment la construction d'un escalier et le bétonnage des chemins de visite. Une merveille de la nature, mais aussi un symbole de la persévérance des hommes.

Il faut s'équiper de bonnes chaussures et de vêtements chauds car il y fait moins de 10 degrés toute l'année ! Le début de la visite est plutôt insolite puisqu'il consiste en la descente de nombreuses marches afin d'arriver 70 mètres sous terre. Une expérience étrange où le temps semble s'arrêter.

La visite guidée d'une heure permet de découvrir les richesses de ce monde souterrain : stalagmites, stalactites et autres concrétions calcaires façonnées pendant des milliers d'années par l'eau et le temps. Le clou du spectacle ne se révèle pas tout de suite ; le suspense est préservé jusqu'au bout puisque rien ne laisse présager de la taille grandiose de la cavité, mise en valeur par un spectacle de sons et lumières. On est alors happé par ces lieux qui laissent la plupart des visiteurs ébahis. Le gouffre de Poudrey est en effet le plus vaste gouffre aménagé de France et il figure parmi les 10 plus importants en Europe. Une fois éclairé, on s'y sent petit, et pour cause, il pourrait abriter la cathédrale Notre-Dame de Paris en entier !

Le spectacle pensé pour mettre en avant l'immensité de la grotte vous permettra d'apprendre l'histoire de ce gouffre, mais aussi une des légendes la plus célèbre de Franche-Comté : l'histoire de la Vouivre. Créature mi-femme mi-serpent affublée d'une pierre précieuse sur la tête, elle aurait été emportée par des crues jusqu'au gouffre de Poudrey dont elle serait maintenant la gardienne… Oserez-vous venir découvrir l'antre de la Vouivre ?

Adresse 1 lieu-dit Puits de Poudrey, 25580 Étalans, www.gouffredepoudrey.com | **Accès** Prendre A36 sortie Besançon/Saint-Claude puis N57 jusqu'à Étalans | **Horaires d'ouverture** De février à novembre et pendant les vacances scolaires. Ouvert toute l'année pour les groupes | **À savoir** Si vous avez un petit creux, l'Auberge du Gouffre juste à côté propose de savoureuses pierrades, testées et approuvées !

43 — La forge-musée
Plongée dans l'histoire de la forge et des forgerons

Au centre d'Étueffont se trouve un musée de la Forge, logé dans une ancienne ferme du XVIIIe siècle inscrite à l'inventaire des monuments historiques. La forge-musée retrace la vie de quatre générations de forgerons, un véritable bond dans le passé. La visite commence à l'extérieur avec un instrument surprenant, mais fédérateur à l'époque, qui permettait de ferrer les bœufs des paysans : le travail à ferrer. D'autres instruments méconnus vous attendent tout au long de la visite. Une fois à l'intérieur, vous rentrerez dans la peau de Camille Petitjean, forgeron du village. Vous découvrirez d'abord sa forge, restée dans son jus bien qu'un peu modernisée, ainsi que les nombreux outils utiles à l'usage de la forge, dont les énormes soufflets. L'importance du métier de forgeron dans la vie villageoise saute rapidement aux yeux : il n'était pas rare qu'un forgeron soit également paysan ou maréchal-ferrant ; il pouvait dépanner n'importe quel voisin pour des petites réparations ou par la fabrication d'objets du quotidien, comme des cerclages de roues ou des haches pour couper le bois.

La visite se poursuit dans la maison des Petitjean avec la cuisine, pièce principale autrefois, puis la salle à manger ornée d'un objet remarquable : une fontaine à absinthe en argent, datant de l'époque où Belfort était alsacien ! On continue de pièce en pièce en découvrant le mode de vie à l'époque – les objets présentés sont des dons des habitants d'Étueffont et des alentours. Le grenier est une pièce à part puisqu'il abrite de nombreux ustensiles agricoles ; un jeu de piste est proposé pour trouver le nom ou la fonction de ces fameux outils. Un atelier de menuiserie montre la corrélation entre les deux métiers ainsi qu'une exposition sur les métiers du bois où l'on peut découvrir des objets rares comme des merlins éclateurs ou une lieuse de fagots. Un dimanche par mois, lors d'événements ou sur demande, un forgeron vient sur place pour faire des démonstrations, un moment de partage unique.

Adresse 2 rue de Lamadeleine, 90170 Étueffont, www.etueffont.fr/la-forge-musee.htm | **Accès** Prendre A36 sortie Belfort/Montbéliard puis D83 et D12 | **Horaires d'ouverture** Du 1er avril au 30 septembre du mercredi au dimanche de 14 h à 18 h et durant le mois d'octobre du vendredi au dimanche de 14 h à 18 h | **À savoir** Allez visiter le fort Dorsner à Giromagny, fort militaire qui offre une vue panoramique sur le massif des Vosges.

44 La ferme-musée du Montagnon

Le charme d'antan d'une ferme du Haut-Doubs

Noël Myotte, le propriétaire de cette ferme-musée récompensée du 1er prix des fermes les mieux restaurées de Franche-Comté, est une figure bien connue dans la région. Originaire d'Orchamps et fils de boucher, il s'est orienté à son tour vers la filière boucherie-charcuterie et a installé son magasin de produits locaux dans la maison familiale. Il y a une quarantaine d'années, il rachète cette ancienne ferme typique à Fournets-Luisans pour installer un tuyé, qu'il utilise pour faire fumer ses jambons. Ce magnifique tuyé donne l'eau à la bouche dès le début de la visite : de savoureux jambons y reposent sagement avant leur départ pour les tables des gourmands ; l'odeur de fumée et de bonne viande est enivrante. Monsieur Myotte nous explique à quel point le tuyé était important à l'époque : il servait à la fois de cuisine, de chauffage central et de pièce de vie pour la famille.

La visite se poursuit dans les autres pièces de la maison, rénovées, mais où les matériaux d'origine ont été conservés dans la mesure du possible. Les meubles et objets exposés ont, pour la majorité, été chinés par le couple Myotte ou ont été donnés par des personnes sensibles à la préservation de ce beau patrimoine. La mise en scène des pièces de vie et les explications du guide (non sans quelques notes d'humour) permettent de mieux comprendre la vie des Francs-Comtois au siècle dernier. Insolite : la ferme-musée abrite aussi une incroyable collection de robes 1900 !

La ferme-musée du Montagnon, étape de la route du Comté et labellisée Site remarquable du goût, est l'une des rares fermes comprenant un authentique tuyé visitable dans la région. Elle abrite également une boutique de producteurs bien fournie dans l'ancienne écurie. Monsieur Myotte y propose bien évidemment les produits de sa propre production, mais également d'autres produits phares de Franche-Comté.

Adresse Hameau de Grandfontaine, 25390 Fournets-Luisans, www.montagnon.com | **Accès** A36 sortie Valdahon/Baume-les-Dames puis D461 direction Neuchâtel/Flangebouche | **Horaires d'ouverture** Ouvert tous les jours du 7 février au 15 novembre | **À savoir** Visitez aussi la boutique de Noël Myotte à Orchamps (2 rue Maréchal-de-Lattre-de-Tassigny, 25390 Orchamps-Vennes) et baladez-vous dans l'impressionnant cirque de Consolation (voir chap. 35).

45 — Le Pré Oudot
Maison d'illustres Francs-Comtois

Dans un écrin vert caractéristique du Haut-Doubs se détache une authentique ferme comtoise, devenue chambres d'hôte, au lieu-dit Le Pré Oudot. C'est une maison de 1689 qui s'est transformée progressivement, grâce à ses illustres habitants. Dans cet espace hors du temps, les soucis du quotidien se mettent naturellement entre parenthèses. Laurence et Émile Pequignet vous accueillent chaleureusement et partagent volontiers leur histoire et celle de la famille Pasche, autrefois installée ici.

Le sculpteur Albert Pasche, tombé amoureux de cette ferme, y avait installé son atelier – vous pourrez retrouver en ville certaines des œuvres de cet artiste bisontin, notamment au parc des Glacis et au cimetière des Chaprais. Plus insolite, il a imaginé et créé un petit mausolée pour sa femme et pour lui-même, qui se trouve à quelques pas de la propriété.

Aujourd'hui, la famille Pequignet, dont le nom évoque la marque d'horlogerie associée, vous propose de partager un bout de son paradis, le temps d'un séjour, en cohabitation avec leurs chevaux, dans des chambres sublimes aménagées au-dessus d'un grand manège. Quel bonheur de pouvoir admirer les cavaliers travailler depuis le salon de la suite Albert – ici, les chevaux de la ferme sont chouchoutés ! Il est d'ailleurs possible de venir en séjour avec son propre cheval, idéal pour les cavaliers et les passionnés. De plus, un espace bien-être avec une vue panoramique sur la nature est mis à disposition, pour plus de détente encore.

La production locale est mise à l'honneur au Pré Oudot : aussi bien pour la décoration dans les chambres que dans les assiettes préparées par Laurence, qui s'occupe de la table d'hôte. Excellente cuisinière, elle propose une cuisine simple et familiale, goûteuse, faite à partir de produits bios et locaux. Fervente défenseuse du pays horloger, elle aime découvrir et travailler avec les artisans du cru – un petit plus qui ajoute encore au charme des lieux !

Adresse Le Pré Oudot, 25390 Fournets-Luisans, tél. 03 81 67 02 31, le-pre-oudot.fr | **Accès** Prendre l'autoroute A36 sortie Besançon puis N57 et D461 | **À savoir** Ne manquez pas de visiter les fruitières à Comté, elles sont nombreuses dans la région !

46 _ Le sentier des Mines

L'histoire d'amour de Fraisans

Le long du Doubs, dans le département du Jura, se trouve le village de Fraisans. Si aujourd'hui, ce dernier est un paisible endroit plutôt méconnu, il était au XXe siècle un haut lieu de la forge, renommé dans toute la France. Son savoir-faire s'est même retrouvé dans des réalisations visibles au 1er étage de la tour Eiffel, sur le pont Alexandre III ou encore dans la verrière de la gare de Lyon à Paris.

Plusieurs sentiers vous permettent aujourd'hui de marcher sur les traces des mineurs et des forgerons, de découvrir leurs vies, leur quotidien et leur environnement. C'est un vrai bond dans le passé en compagnie de Gilbert, un gars du pays, qui vous transporte à Fraisans en 1911. Tout au long des trois sentiers, c'est lui qui, sur les panneaux, vous accompagnera et vous expliquera cette dure vie. Des guides explicatifs pour compléter votre balade sont disponibles gratuitement dans les commerces et mairies de Fraisans et Dampierre.

Le sentier du Doubs, d'une longueur de 8,5 kilomètres pour 3 heures de marche, vous montrera la relation de l'homme à la rivière. L'eau était omniprésente à l'époque, que ce soit par les rivières pour nettoyer le fer, ou après les inondations, où l'eau servait de fertilisant naturel et faisait le bonheur des agriculteurs. Le sentier des Forges, de 2,3 kilomètres pour 1 heure de marche, vous mènera à travers les rues de Fraisans pour découvrir le quotidien et la vie locale : vous admirerez les belles maisons des maîtres forgerons du XVIe siècle, des demeures souvent magnifiquement ornées.

Le sentier des Mines, de 14,2 kilomètres pour 5 heures de marche est le plus complet et vous fera découvrir le travail des mineurs puis celui des forgerons. Que ce soit depuis la forêt de Dampierre, où était extrait le fer, à l'étang du Patouillet où il était nettoyé, dans le haut fourneau où il était fondu, ou sur les chemins de fer où il était acheminé jusqu'aux forges, vous marcherez littéralement dans les pas du fer, cette économie ayant été primordiale pour les habitants de la région.

Adresse 39235 Fraisans | **Accès** Prendre A36 sortie Besançon puis D673 direction Saint-Vit jusqu'à Fraisans | **À savoir** Allez vous promener dans la forêt de Chaux, réputée pour ses nombreux vieux chênes, dont un âgé de plus de 500 ans.

47 — Le Sabot de Frotey

Le rocher à la forme d'un sabot

Juste à côté de Vesoul se trouve la réserve naturelle du Sabot. Elle est située sur un plateau calcaire qui se termine par une falaise dominant la plaine du Durgeon. Cette dernière fait 40 mètres de hauteur et permet à la plaine du Frotey d'atteindre plus de 342 mètres d'altitude, dominant ainsi toute la vallée. La réserve a été créée en 1981 afin de préserver la biodiversité de ce parc, niché entre les monts vosgiens et jurassiens. Aujourd'hui, la réserve protège environ 440 variétés répertoriées de plantes, certaines rares, comme l'hélianthème des Apennins. Il s'y trouve aussi une vingtaine de sortes d'orchidées. La réserve accueille toute une faune qui va de l'alouette lulu au pic noir en passant par de nombreux orthoptères, comme le criquet italien, et plus de 500 espèces de papillons nocturnes. Sortez vos jumelles, vous aurez de quoi en prendre plein les yeux !

Dans cette réserve se cache un rocher d'une forme bien particulière. En effet, au fil du temps, le vent, la pluie et le gel ont sculpté à même le calcaire une forme de sabot. Mais dans les histoires vésuliennes populaires, on raconte une autre version pour expliquer cette forme si unique. Le diable lui-même serait tombé amoureux de la femme du seigneur du château de Montaigu dans la vallée du Durgeon. Il aurait pris les traits d'un jeune homme aux talents de poète qui fit presque succomber la châtelaine quand son mari rentra inopinément de la Terre sainte. Le diable sauta alors par la fenêtre pour s'enfuir et en perdit son soulier qui se figea et devint le fameux Sabot de Frotey !

Il est possible de faire une jolie balade d'une heure et demie à travers bois et pinède pour admirer la variété de faune et de flore de la réserve naturelle. Vous pourrez approcher au plus près le Sabot et profiter du panorama exceptionnel. Si vous observez bien d'ailleurs, vous pouvez voir au loin la Motte de Vesoul et sa chapelle haut perchée (voir chap. 108). D'ailleurs, si vous êtes aux alentours de Vesoul et ne pouvez faire un détour, levez les yeux – vous pourrez apercevoir le Sabot !

Adresse Réserve naturelle de Frotey, 70000 Frotey-lès-Vesoul | **Accès** Prendre A31 sortie Besançon-Centre/Vesoul puis N57 direction Valleroy-Lorioz | **À savoir** Allez voir la grotte de Solborde à Échenoz-la-Méline, à 3 kilomètres de Vesoul. En plus de la grotte, vous trouverez sur le site une jolie cascade.

GRAY

48 _ Le théâtre à l'italienne
Trésors visibles et trésors cachés

Direction la Haute-Saône, plus précisément le Val de Saône, la partie ouest du département, pour découvrir une ville remarquable : Gray. Nous ne connaissions pas Gray, mais notre première visite nous a marquées. Plus d'une vingtaine de bâtiments classés sont visibles dans son centre-ville. Partout où se posaient nos yeux, des merveilles d'architecture à observer : le toit vernissé de l'hôtel de ville, la basilique Notre-Dame, l'hôtel-Dieu… Prenez votre temps pour ne manquer aucun détail !

Ensuite, il vous faudra passer par l'étape des visites guidées, notamment pour découvrir le magnifique théâtre à l'italienne du milieu du XIXe, un vrai coup de cœur ! Si la façade est sobre, attendez de voir l'intérieur… Il provoque un effet « wahou » voulu par l'architecte, lors de sa construction en 1847. Et l'effet est réussi, puisqu'au moment d'entrer dans la salle de spectacle, on est immédiatement transporté dans une autre époque. Ce décor fabuleux est digne des films hollywoodiens ! Peintures sur bois et sur toile, colonnettes en fonte, plafond richement décoré, lustre… tout y est ! Dans les coulisses, les installations d'époque, rénovées au fil du temps, permettent d'interchanger les décors et de mettre en scène les lumières. Quel plaisir d'assister à un spectacle dans un lieu si beau ; le théâtre a d'ailleurs été classé monument historique en 1984, puis rénové en 2006.

Autre trésor de Gray à visiter, la tour Saint-Pierre-Fourier, bien cachée derrière un grand mur. On ne s'attend pas à découvrir une maison aussi jolie et son jardin poétique en poussant la porte. Mais là encore, on n'est pas au bout de nos surprises ! Cette maison du XVIe siècle a pris le nom du prêtre lorrain qu'elle a hébergé un temps, dans une logette en haut de la tour, accessible par un système incroyable et unique en Europe : un escalier à vis en bois. Une curiosité architecturale qui fait penser à l'escalier tournant du sorcier Dumbledore dans la saga *Harry Potter* ! Pour plus d'informations sur Gray, n'hésitez pas à faire un tour à l'office de tourisme.

Adresse 30 rue Victor-Hugo, 70100 Gray | **Accès** Depuis l'A31 prendre D70 sortie Gray | **Horaires d'ouverture** Renseignements auprès de l'office de tourisme pour les visites en dehors des représentations et spectacles | **À savoir** L'été, profitez des beaux jours pour visiter le parc de l'Étang à Battrans (renseignement vers l'office de tourisme du Val de Gray).

49 — Le musée de la Montagne

Dans le quotidien de nos aïeux

Le musée départemental de la Montagne existe depuis maintenant 40 ans dans le petit village de Château-Lambert, niché au cœur des montagnes à 700 mètres d'altitude. Créé par deux châtelains amoureux de beaux objets, Albert et Félicie Demart, dont le domaine est situé aux environs de Champlitte, ce musée leur permet alors d'exposer les découvertes qui n'avaient pas de place dans leur château. Ainsi est né cet endroit étonnant qui reconstitue la vie d'autrefois dans une ancienne ferme, avec des jolies pièces pour des expositions temporaires. La découverte de la maison est la première partie de la visite – cuisine, chambres, étable, grenier, chaque pièce est meublée avec des pièces et accessoires d'époque. Vous vous rendrez vite compte de la simplicité du quotidien de nos ancêtres, mais aussi de la dureté de leurs activités agricoles grâce aux pièces exposées dans le grenier et l'étable. À l'étage, une ancienne salle de classe est reconstituée avec ses objets pour le moins surprenants, comme la fameuse chaise à fessées.

La deuxième partie de la visite se passe en extérieur, à flanc de coteaux, et concerne les métiers du bois. Vous prendrez un peu de hauteur pour admirer les cabanes reconstituées des différents corps de métiers (bûcherons, sabotiers, charbonniers), qui œuvraient dans les forêts, et pour profiter de la très jolie vue sur le village. Des bâtiments typiques de la région ont été démontés puis reconstruits ici, comme le chalot, ou encore un moulin du XVIIe siècle venant de Servance. Une autre partie du musée traite aussi du travail des mineurs ; les mines de cuivre du Thillot sont toutes proches.

Château-Lambert est un joli village : avant de partir, faites un tour dans l'église et montez jusqu'à la statue de Notre-Dame-des-Neiges, à l'emplacement de l'ancien château. À 800 mètres d'altitude, elle surplombe le village et offre une jolie vue sur les alentours.

Adresse 3 place du 19-Mars-1962, 70440 Haut-du-Them-Château-Lambert, musees.haute-saone.fr/chateau-lambert | **Accès** Prendre N19, sortie 16 Le Thillot, puis D486 direction Le Thillot | **Horaires d'ouverture** Du 1er février au 31 mars de 14 h à 17 h ; du 1er avril au 30 juin de 9 h 30 à 12 h et de 14 h à 18 h ; du 1er juillet au 31 août de 9 h 30 à 19 h (lundi au samedi) et de 14 h à 19 h (dimanche et jours fériés) ; du 1er au 30 septembre de 9 h 30 à 12 h à 14 h à 18 h (seulement le matin le dimanche et les jours fériés) ; du 1er octobre au 30 novembre de 14 h à 17 h | **À savoir** Juste à côté du musée, profitez du très bon menu du terroir proposé par l'Auberge des Sources.

50 — Le fort du Mont-Vaudois
À l'intérieur d'un fort de défense

Perché tout en haut de la colline du Mont-Vaudois, à plus de 544 mètres d'altitude, le fort vous accueille avec son pont-levis. Il fait partie de la ceinture fortifiée dont le but était de protéger la « trouée de Belfort ». Il s'agissait donc d'un ouvrage de défense, construit entre 1874 et 1877, après la défaite de Belfort pendant la guerre de 1870. Le fort, s'étendant sur 5 hectares, pouvait accueillir plus de 700 hommes et les faire vivre en totale autonomie pendant 6 mois.

Pendant la visite, vous allez découvrir les bâtiments, les salles et les chemins qui ont vu ces hommes vivre pendant de longs mois. Depuis la cour d'honneur, de nombreuses chambrées sont visibles, vous pourrez alors distinguer les traces des anciens dortoirs, témoins des conditions de vie des soldats. Plus loin, ce sont des salles à canon, des caponnières doubles, des citernes sous chambres que vous pourrez visiter. Très peu de salles ont été rénovées, vous marcherez vraiment sur les traces d'antan, l'atmosphère de la fin du XIXe siècle se fait d'ailleurs très souvent sentir.

Une salle étonnante à voir est la casemate optique où les militaires pouvaient communiquer en morse avec 5 autres forts : le château de Belfort, le fort Lachaux, le fort du bois d'Oye, le fort du Salbert et le fort du Mont-Bart, à 12 kilomètres d'ici ! Une prouesse technique ! En termes de communication, le fort était aussi doté d'une salle de télégraphe électrique et, si vous regardez bien les murs, vous verrez les destinations des communications. Montez ensuite à l'observatoire, où vous aurez une vue panoramique : vous pourrez même apercevoir les Alpes bernoises.

Le clou de la visite, ce sont les deux fours à pain Lespinasse qui datent de 1874 et qui sont encore en état de marche ! Lors de la fête du pain qui a lieu tous les ans en mai, ce ne sont pas moins de 1 800 pains qui sortent des fours, alimentés en feu de bois du mardi jusqu'au dimanche, jour et nuit par des bénévoles ! Ça sent bon le pain partout dans le fort.

Adresse La Pleine Haute, 70400 Luze | **Accès** Prendre A36 sortie 6 Clerval puis D683 | **Horaires d'ouverture** D'avril à octobre à partir de 14 h | **À savoir** Allez voir le dolmen de Brevilliers, petite commune accolée à Héricourt en allant sur Belfort.

LES HÔPITAUX-NEUF

51 — Le Coni'fer
Montez dans la locomotive du passé

En 1875, il était possible de voyager de Pontarlier jusqu'à Vallorbe, en Suisse. La voie ferrée permettait aux voyageurs parisiens de rejoindre le pays helvète beaucoup plus rapidement, un sacré bond en avant pour promouvoir les loisirs et le commerce. Après la construction du tunnel du Mont-d'Or, la ligne fut fermée aux voyageurs puis, au fil des années, complètement déferrée. C'est sur l'impulsion de passionnés qu'aujourd'hui, vous pouvez remonter dans un wagon et refaire une partie de cette fameuse route mythique de la région.

Le train touristique le Coni'fer utilise la voie ferrée la plus haute de France, à une altitude de 1 012 mètres. C'est une promenade qui vous ramènera aux heures de gloire de la ligne, en vous faisant monter dans des wagons d'antan, complètement aménagés, reconstitués comme à l'époque par l'équipe des bénévoles. Les locomotives – dont une Tigerli centenaire – sont à vapeur, chauffées au bois et au diesel l'hiver pour assurer des voyages toute l'année et vous faire profiter des paysages enneigés et magiques. Huit kilomètres de voies ferrées relient Les Hôpitaux-Neufs à la source de Fontaine Ronde : nous vous assurons que vous en prendrez plein les yeux et que vous admirerez les superbes paysages du massif du Jura, à travers les sapins et plateaux.

Des animations sont prévues régulièrement, comme le train du père Noël, qui propose du vin et chocolat chaud à bord, et surprises pour les plus petits. Une voiture-restaurant digne de l'*Orient-Express* est également présente pour tous ceux qui veulent se la jouer Hercule Poirot - le meurtre en moins évidemment ! En février, les bénévoles perpétuent une tradition jurassienne, la Saint-Cochon, où un boucher découpe en public un porc franc-comtois et les habitants peuvent venir chercher leur morceau et profiter d'un moment convivial avec animations et vin chaud. Ce train si unique a même eu son heure de gloire en servant de décor dans le film *Monsieur Batignole*, de et avec Gérard Jugnot. Une activité qui ravira petits et grands, nostalgiques de l'ancienne époque ou curieux des machines qui font du bruit !

Adresse 25370 Les Hôpitaux-Neufs, coni-fer.com | **Accès** Prendre N57 direction Route de Lausanne jusqu'à Les Hôpitaux-Neuf. Le départ se trouve au centre du village | **Horaires d'ouverture** Tous les jours pendant les vacances d'été. Les horaires hors-saison varient et sont à trouver sur le site internet. Départ du train à 15 h | **À savoir** Allez manger des bonnes spécialités franc-comtoises dans une ancienne ferme rénovée en bordure du lac de Saint-Point, le restaurant À la Ferme.

LA CLUSE-ET-MIJOUX

52 — Le château de Joux
Perle de patrimoine et prison d'État

Quelle que soit la direction d'où vous arrivez, le château de Joux, perché sur son promontoire rocheux, impressionne. Avec un peu de chance, vous pourrez même apercevoir des chamois sur les flancs de la montagne, depuis la vallée ou depuis la terrasse du bâtiment pendant votre visite. Le château daterait de 1034, mais a subi de nombreuses rénovations, notamment sous l'impulsion de Vauban. De très bonne facture, il a été choisi pour figurer dans quelques scènes du film *Les Misérables* réalisé par Claude Lelouch.

Comme pour tout lieu historique, la visite guidée est conseillée, car très complète et ponctuée d'anecdotes. Et le château de Joux en regorge ! Idéalement placé sur une grande route commerciale, il était un pion capital dans la défense du royaume. Mais outre son rôle de gardien de la cluse, le château a aussi été la geôle de personnages historiques célèbres, comme l'écrivain et diplomate Mirabeau, enfermé à la demande de son père pour le punir d'une vie un peu trop volage ayant entraîné de nombreuses dettes de jeu. Une situation qui ne lui a pas servi de leçon puisque l'illustre homme politique n'a jamais vraiment changé son style de vie. Les geôles du château ont aussi vu dépérir Toussaint Louverture, grande figure de la lutte pour l'abolition de l'esclavage et l'indépendance de l'île d'Haïti. Ancien esclave, il prit la tête de la révolte contre les colons en 1791 et fut le premier général noir français. Le rétablissement de l'esclavage par Napoléon Bonaparte le força à reprendre son combat. Il fut capturé et emprisonné à Joux en 1802, où il mourut un an plus tard. Pour le circuit, comptez 1,3 kilomètre et quelque 450 marches. Ne manquez pas le puits, un des plus hauts d'Europe avec ses 110 mètres de profondeur !

Toute l'année, le château vous surprendra grâce à sa large programmation culturelle : jeux de pistes, expositions thématiques, visites contées… L'été, il ne faut pas manquer le festival des Nuits de Joux, qui propose des spectacles de danse, de musique et de théâtre, mais aussi des banquets.

Adresse Route du Château, 25300 La Cluse-et-Mijoux, tél. 03 81 69 47 95, www.chateaudejoux.com | **Accès** Prendre la N57 direction Pontarlier/Métabief puis la D402 direction Route du Château | **Horaires d'ouverture** Tous les jours de 10 h à 12 h 30 et de 13 h 30 à 18 h 30 | **À savoir** Pour un point de vue superbe sur le château de Joux, arpentez le sentier de randonnée familiale du Fort Malher.

LABERGEMENT-SAINTE-MARIE

53 La fonderie Obertino
La dernière fonderie de cloches de France

Qui ne connaît pas le son des cloches qu'arborent les vaches des prés français ? Il est pour beaucoup synonyme de campagne et de souvenirs d'enfance. Quelle que soit la mélodie, quelles que soient les tonalités, elles sont toutes fabriquées au même endroit, en Franche-Comté, à Labergement-Sainte-Marie.

La production, issue d'un savoir-faire exceptionnel et unique, est une vraie histoire familiale. Depuis 1834, la famille Obertino dirige la fonderie de clarines en bronze qui est la dernière en France à travailler à l'ancienne. Ici, pas de machines modernes, tout est fait par la main de l'homme. Dans une vieille bâtisse qui fut autrefois une fromagerie se trouve l'atelier où sont fondues les cloches. Vous découvrirez toutes les étapes de leur fabrication jusqu'à la provenance du bronze, du cuivre et de l'étain. Toutes les pièces et matériaux se réutilisent ou proviennent de déchets d'entreprises. Rien ne se perd, rien ne se crée, tout se transforme !

Les décors, inscriptions, ainsi que la signature de la fonderie sont faites au début de la confection grâce à des petites tiges, un travail précis et minutieux. Vient ensuite le moment le plus impressionnant, celui de la coulée. Le bronze est fondu à 1 300 degrés dans un four à creuset. Pas moins de deux hommes sont nécessaires pour verser le liquide dans les moules. Tout de suite après, la cloche est démoulée et nettoyée, brossée, meulée et polie. Juste à côté de l'atelier se trouve une jolie petite boutique en forme de kiosque. À l'intérieur, c'est le festival des cloches : de toutes les tailles, de toutes les sortes, il y en a pour tout le monde !

Les cloches de la fonderie Obertino sont une véritable institution ici. Chaque événement, chaque occasion, comme une naissance ou un mariage, est célébré par une petite cloche sur laquelle il est possible de faire ajouter des inscriptions symboliques. L'entreprise travaille avec ses voisins suisses pour donner aux vaches de la France entière de jolis colliers suisses brodés.

Adresse 15 rue de Mouthe, 25160 Labergement-Sainte-Marie, fonderieobertino.jimdofree.com | **Accès** Prendre N57 direction Pontarlier/Métabief, puis D437 jusqu'à Labergement-Sainte-Marie | **Horaires d'ouverture** Visite commentée et démonstration de la coulée du métal avec le démoulage le mardi et jeudi à 16 h 30, entrée gratuite. La boutique est ouverte tous les jours sauf le dimanche de 9 h 30 à 12 h et de 14 h 30 à 18 h 30 | **À savoir** Allez faire le plein de Comté et autres bons fromages à la Fruitière des Lacs juste à la sortie du village en direction du lac de Saint-Point.

54 — Le belvédère des Quatre Lacs

Un paysage aux mille teintes turquoise

Un lieu aux airs de lagons – avec des eaux turquoise, émeraude, vertes, bleues – en pleine Franche-Comté ? Personne n'aurait pu s'y attendre et pourtant vous êtes en plein cœur du parc régional du Haut-Jura ! En partant du village Le Frasnois, vous découvrirez d'abord le lac de Narlay, un lac sauvage bordé de grandes herbes. On raconte que bien des années plus tôt, le village du Frasnois était situé à l'emplacement de ce lac et qu'un soir de Noël, une mendiante demanda de l'aide aux habitants. Tous refusèrent, à l'exception d'un aveugle. La mendiante, en réalité sorcière, se vengea en faisant pleuvoir jusqu'à engloutir tout le village… sauf de la maison de l'aveugle.

Vous continuerez jusqu'aux lacs du Petit et Grand Maclu ; c'est là que commence la partie ardue du parcours qui rejoint les crêtes et permet d'accéder au belvédère des Quatre Lacs, culminant à 993 mètres d'altitude. L'effort est tout de suite oublié tant le spectacle qui s'offre à vous est époustouflant. Des paysages et des couleurs à perte de vue – il est même possible d'apercevoir le mont Blanc par beau temps – et cette petite maison perdue en bordure du lac du Grand Maclu. Elle donne des airs de Canada à ce paysage, en automne, quand elle est entourée d'arbres flamboyants. Un peu plus loin se trouve le belvédère du Pic de l'Aigle, qui donne un autre point de vue sur les montagnes du Jura. Une vue à 360 degrés et une table d'orientation pour tout savoir sur ces monts enchanteurs vous attendent. Peut-être apercevrez-vous des chamois !

En redescendant, vous arriverez au dernier lac, le lac d'Ilay qui, de tout en bas, offre une vue incroyable sur les falaises et les crêtes que vous parcouriez plus tôt. Au milieu de ce lac trône une petite île. Des fouilles archéologiques ont pu montrer l'existence d'un ancien prieuré datant de l'époque carolingienne. Un parking permet d'accéder au belvédère des Quatre Lacs sans faire toute la randonnée de 14 kilomètres, déconseillée en hiver.

Adresse Parking du lieu-dit La Fromagerie, 39130 Le Frasnois | **Accès** Direction Champagnole, prendre la N5 jusqu'au Frasnois | **À savoir** Visitez le jardin botanique du Frasnois et son jardin de plantes médicinales, ouvert d'avril à septembre.

LES GRANGETTES

55 Port-Titi
Dépaysement garanti au bord du lac de Saint-Point

Le lac de Saint-Point est un incontournable des visites du Doubs. Quelle que soit la saison ou l'heure de la journée, ce lac naturel, qui est l'un des plus grands de France, est extrêmement photogénique. Fréquenté autant en hiver pour le patin à glace, qu'en été où s'y pratiquent activités nautiques et marche à pied, il est apprécié des touristes comme des locaux.

Une randonnée d'une vingtaine de kilomètres, pour un peu plus de 5 heures de balade, permet d'en faire le tour. Ce circuit passe tantôt aux bords du lac, et tantôt le surplombe. C'est lors de cette randonnée, ou d'une escapade du côté sud du lac, que vous pourrez découvrir Port-Titi, un lieu aussi mignon que dépaysant. Ici, vous trouverez des cabanes de pêcheur, toutes peintes de couleurs vives, alignées devant le lac. Un petit port sert d'amarrage aux barques, aussi colorées que les maisons. Atypique et étonnant, on se prend volontiers au jeu des photos et d'une pause pique-nique, en veillant à ne pas déranger les gens qui séjournent ici.

L'histoire de Port-Titi n'est pas banale puisque ces jolies maisons ne sont pas arrivées là par hasard ; le hameau a été créé il y a plus d'un siècle, en 1904 exactement. Ce sont quatre amis pêcheurs qui ont construit la première maison de bois afin de profiter plus facilement de ce coin poissonneux – le lac compte d'ailleurs quelques espèces endémiques – auquel on accède à vélo ou à pied depuis Pontarlier. Titi est le surnom de l'un des quatre fondateurs du hameau : Maurice-Maire Sebille. Aujourd'hui, les maisons de bois ont gagné en confort et en solidité, et sont dotées de l'électricité. On en compte désormais vingt-six et elles sont généralement léguées de génération en génération. Les habitants y passent la belle saison, où la vie est douce, et en profitent aussi pour repeindre chaque année les barques colorées qui font le charme du port. Situés sur la commune des Grangettes, Port-Titi est aujourd'hui un lieu accessible, mais préservé, qu'il convient de protéger.

Adresse 25160 Les Grangettes | **Accès** Prendre la N57 ou D129 direction Les Grangettes | **À savoir** À proximité des Grangettes, les caves du fort Saint-Antoine (voir chap. 91) et les tourbières de Frasnes valent le détour.

LONS-LE-SAUNIER

56 La maison de la Vache qui rit
L'histoire vraie de la célèbre vache rouge et blanche

Si nous connaissons tous ce fromage fondu et sa légendaire vache rouge, connaissez-vous l'histoire de la célèbre Vache qui rit ? La Maison de la Vache qui rit, en plein centre de Lons-le-Saunier, dévoile toute la saga familiale derrière la célèbre marque. Ce bâtiment de 2 200 mètres carrés a été créé en 2009, au cœur du Jura – là où tout a commencé. En 1865, Jules Bel fonde société fromagère à Orgelet, petit village jurassien. Ce sont ses fils qui décident, quelques années plus tard, de venir à Lons-le-Saunier afin d'agrandir l'entreprise et de profiter des voies de chemin de fer de la ville. Lors de la Première Guerre mondiale, Léon Bel est affecté au ravitaillement de l'armée et il « fait la connaissance » de l'emblème de la viande fraîche : un bœuf hilare. On connaît la suite ! C'est à son retour de la guerre qu'il prend connaissance d'une spécialité fromagère suisse : le fromage fondu. De cette alliance franco-suisse naît la toute première boîte ronde métallique de la Vache qui rit. La *success story* est lancée : la marque décolle très vite et l'entreprise conserve la première place dans son domaine au niveau des innovations fromagères, mais également en marketing et en publicité – Kiri, Babybel ou encore Apéricube, ce sont eux !

La Maison de la Vache qui rit est constituée de plusieurs parties. Après la partie historique, dans les superbes et emblématiques caves voûtées, vous parcourrez une salle plus moderne où sont expliqués les objectifs de la société Bel : une production plus responsable, le recyclage des matières utilisées ou encore l'amélioration nutritionnelle de ses produits. La visite est jalonnée d'œuvres artistiques contemporaines, des expositions temporaires et des ateliers participatifs pour découvrir cette belle aventure de façon ludique. Et pour les plus gourmands, un restaurant éphémère qui propose des plats à base des produits de la marque est accessible en été.

Adresse 25 rue de Richebourg, 39000 Lons-le-Saunier, www.lamaisondelavachequirit.com | **Accès** A39 sortie Lons-le-Saunier | **Horaires d'ouverture** Tous les jours de 9 h à 18 h pendant les vacances scolaires ; hors vacances scolaires de 14 h à 18 h sauf le lundi. Ouvert uniquement le week-end de 14 h à 18 h en novembre et décembre | **À savoir** Allez dénicher, au fond d'une cour, la jolie église des Cordeliers et son orgue.

57 — Cœur d'Art Tea Chaud

Tant de passions réunies dans un ancien bureau d'octroi

Le concept store Cœur d'Art Tea Chaud ne passe pas inaperçu dans le paysage luron. Avec son architecture originale, ses colonnes et son chapiteau, cet ancien bureau d'octroi bien visible en bordure de rue principale attise la curiosité. En poussant la porte de la boutique, vous vous retrouvez immergé dans l'univers de Stéphanie, la créatrice des lieux qui y a mis tout ce qu'elle aime : chaque objet sur lequel vos yeux se posent est beau, fait maison ou a déjà vécu plusieurs vies. Ici, « tout est à vendre sauf le comptoir ! » L'offre est variée et amusante, de quoi provoquer des coups de cœur à chaque changement de pièce. Des créateurs locaux sont invités à proposer leurs créations en dépôt-vente (bijoux, cosmétiques, décoration, affiches, cartes postales…), qui sont mises en valeur parmi d'autres objets de décoration, mais aussi des trouvailles de brocante. Les meubles, quant à eux, sont soigneusement sélectionnés et remis au goût du jour par Stéphanie elle-même, passionnée par le rafraichissement de meubles anciens.

L'ambiance est cosy, idéale pour un salon de thé. Avant ou après la session shopping, installez-vous dans l'un des salons ou dans le grand jardin pour profiter des boissons et des excellentes pâtisseries concoctées par Stéphanie. Goûtez le shortbread millionnaire – vous ne pourrez plus vous en passer ! Les maîtres mots de Cœur d'Art Tea Chaud ? Circuit court, local, récup'et zéro déchets ! En parlant de local, la boutique accepte d'ailleurs la pive, la monnaie franc-comtoise créée en 2017 par une association !

Pour les artistes dans l'âme, les curieux, ou les gens qui ont soif d'apprendre, des ateliers sont régulièrement organisés avec les artistes et créateurs exposants. En bref, ce concept store est un lieu multiple et atypique où on se sent bien, comme à la maison. Idéal pour siroter un verre entre amis ou trouver des idées cadeaux, pour soi et pour les autres ! Toujours souriante, Stéphanie vous accueille chaleureusement dans son joli salon de thé : ouvert toute l'année, on s'y réchauffe le cœur en hiver et on s'aère l'esprit aux beaux jours.

Adresse 35 avenue Carnot, 70200 Lure | **Accès** Prendre la N19, sortie 15 Lure-Centre, direction Centre-Ville | **Horaires d'ouverture** Du mardi au vendredi de 10 h à 12 h et de 13 h 30 à 18 h 30, le samedi de 10 h à 18 h 30 | **À savoir** En vadrouille shopping à Lure, ne manquez pas l'épicerie vrac Épicerie d'Antan, les brocanteurs du centre-ville et la grande Ressourcerie, une mine de trésors !

58 Les Écuries
Quand les artistes investissent le cœur de Lure

Dans ces bâtiments cachés derrière la gendarmerie de Lure, autrefois occupés par les écuries du 1er régiment de dragons – une unité de cavalerie de l'armée française –, une effervescence grandit depuis 2004. En effet, la ville de Lure, soucieuse de soutenir les artistes plasticiens et de développer les pratiques artistiques professionnelles, a décidé de mettre en place un dispositif « Ateliers d'artistes ». Ces ateliers, constitués de cinq grandes salles voûtées dans un vaste bâtiment du centre-ville, permettent aux créateurs de se sentir libres de créer comme bon leur semble. Ainsi, cinq artistes y cohabitent à l'année, ce qui fait naître parfois d'intéressantes collaborations. Les résidents peuvent provenir de tous les milieux artistiques : peinture, street art, sculpture… En bout de structure, une grande salle commune accueille régulièrement des expositions d'artistes, résidents ou invités.

Au cours de notre visite, nous avons pu découvrir deux ateliers et voyager dans l'imaginaire de leurs occupants : le collectif La Douche Froide réunit les univers d'Élise Poinsenot (peintre plasticienne) et de Nove (graffeur) qui, en plus de leurs travaux respectifs, produisent des œuvres communes très innovantes : grâce à une application, vous découvrirez en 3D les portraits féminins d'Élise baignés dans les graffs colorés, positifs et *feel good* de Nove. Une vraie immersion dans leur art ! À côté, le travail de MELN étonne : il joue aussi bien avec la peinture qu'avec les matières pour créer des sculptures intrigantes, à l'image du Watchpat, petit personnage en forme d'œil sur pattes, devenu sa mascotte. Un univers dans lequel on adore plonger !

Les Écuries sont aussi à l'origine du festival street art Au Pied des Murs, qui invite tous les deux ans des artistes locaux pour exposer leurs œuvres et venir à la rencontre du public lors de réalisations sur des murs sélectionnés dans la ville. Parcourir le circuit street art de Lure est une manière ludique de découvrir la ville, qui n'a finalement rien à envier aux grandes métropoles.

Adresse 4 chemin de Ronde, 70200 Lure, www.les-ecuries.org | **Accès** Prendre la N19, sortie 15 Lure-Centre, direction Centre-Ville | **À savoir** Après votre balade street art, une pause café ou thé chez Coeur d'Art Tea Chaud est obligatoire (voir chap. 57) !

59 La tour des Échevins
Musée historique et bâtiment classé

Impossible de passer à côté de la tour des Échevins lors de la visite du cœur historique de Luxeuil-les-Bains. Surplombant la ville et placée sur le sentier du Patrimoine – qui permet de découvrir les principaux monuments de la ville –, la tour construite au XVe siècle se démarque par son architecture gothique travaillée, notamment son bel oriel qui donne sur la rue, et par sa hauteur puisqu'elle s'élève sur quatre étages.

Construite par l'un des fils de Perrin Jouffroy, comme la maison du cardinal Jouffroy, son frère, la tour est ensuite devenue la propriété de la ville de Luxeuil. Son nom vient des échevins, anciens élus municipaux de l'époque. Elle fut choisie comme lieu de prédilection pour entreposer les vestiges retrouvés sur les divers chantiers de fouilles archéologiques de Luxeuil. Ainsi, elle devint un musée dès 1673, ce qui en fait l'un des plus vieux de France !

Aujourd'hui, la tour des Échevins est toujours un musée ouvert au public et propose plusieurs collections. Les premiers étages sont dédiés aux objets archéologiques : vous pourrez y voir de belles stèles, remarquablement conservées, des ex-voto, mais aussi des céramiques. Ces dernières témoignent de l'activité des fours de potiers très anciens dont on a retrouvé les vestiges près du cimetière de la ville. Les étages supérieurs du musée sont consacrés aux expositions temporaires d'art. Si ces salles accueillaient autrefois les toiles du peintre luxovien Jules Adler, elles sont aujourd'hui un lieu d'exposition privilégié pour des peintres locaux et nationaux.

À la fin de votre ascension un peu sportive – il vous faudra grimper pas moins de 146 marches dont une flopée de dernières un peu étroites –, vous serez récompensé en accédant à la terrasse panoramique de la tour. Ici, vous trouverez une table d'orientation et une vue imprenable sur la ville. Dominant toute la ville et ses environs, on aperçoit le paysage environnant, la Planche des Belles Filles ou encore les Alpes, quand le temps est dégagé.

Adresse 30 rue Victor-Genoux, 70300 Luxeuil-les-Bains, www.luxeuil-vosges-sud.fr | **Accès** Prendre N57 direction Plombières-les-Bains, sortie Luxeuil-les-Bains | **Horaires d'ouverture** Du 1er avril au 31 juin les mardis de 14 h à 18 h ; en juillet et août, du jeudi au lundi de 14 h à 18 h ; en septembre et octobre, les mardis de 14 h à 18 h | **À savoir** Flânez dans les cloîtres de l'abbaye de la ville et ne manquez pas le superbe buffet d'orgue de la basilique Saint-Pierre.

60 Le parc à l'anglaise de la Cude

Un jardin de passionnés qui éveille vos sens

Mailleroncourt-Charette est un village de moins de 300 âmes, aux portes des Vosges, peu connu mais qui pourtant abrite une bien jolie pépite : le jardin à l'anglaise de la Cude. Ce genre d'endroit est de celui qu'on partage de bouche à oreille, comme un secret précieux, après y avoir passé une superbe journée.

Le parc à l'anglaise de la Cude n'est pas qu'un simple jardin, c'est le fruit d'un travail de passionnés : celui des propriétaires François et Chantal Folley, et de leur association de bénévoles. Ils ont imaginé, créé et ils entretiennent les 5 hectares de ce terrain aux nombreuses vies pour le transformer en un joli havre de paix. De carrière, il est passé au statut de verger, puis à plantation de douglas, pour enfin devenir progressivement ce qu'il est aujourd'hui. Ce jardin, c'est une histoire de famille qui commence dès 1900, quand le grand-père de François plante un cyprès pour célébrer la naissance de sa première fille. Cet arbre majestueux, bien que maintenant fragilisé, peut encore être admiré à l'entrée. Le parc comprend environ 1 000 essences d'arbres, arbustes, plantes et fleurs dans des espaces thématiques : sous-bois, clairière, verger, ou encore notre endroit préféré, l'allée des hortensias et son air de décor d'*Alice au pays des Merveilles.* François propose aux visiteurs curieux de l'accompagner en visite guidée. Elle peut durer des heures tant il a d'anecdotes à raconter sur chacun des arbres ! L'origine de leurs noms, leur provenance, mais aussi le test des sens (goût, odorat, toucher), sont de multiples moyens pour découvrir ce jardin atypique. Ici et là, au fil de la visite, vous trouverez, en plus des plantes qui vous entourent, des tableaux et des mises en scène colorés installés au fil des événements organisés au jardin.

À la fin de la visite, vous découvrirez le sentier « pieds nus », créé de A à Z par François. Un parcours d'environ 1 kilomètre à réaliser à son rythme, après avoir quitté ses chaussures.

Adresse Rue du Point-du-Jour, 70240 Mailleroncourt-Charrette, parcalanglaiselacude.fr | **Accès** Prendre N57 jusqu'à Saulx puis D14 jusqu'à Mailleroncourt-Charrette | **Horaires d'ouverture** Ouverture sur rendez-vous au 03 84 95 83 93 ou lacudefolley@gmail.com | **À savoir** Cette partie de la Haute-Saône est parsemée de très jolis lavoirs, n'hésitez pas à flâner dans les villages alentour.

MAMIROLLE

61 La Ferme aux Lamas
Attention, animal sauvage !

À Mamirolle, petit village situé à quelques kilomètres de Besançon, vivent de drôles d'animaux, qui n'ont pas forcément bonne réputation : tout le monde se souvient des lamas qui crachent dans les bandes dessinées *Les Aventures de Tintin*. Deux éleveuses de lamas et d'alpagas ont mis leur passion en commun pour créer La Ferme aux Lamas, dont le but est de faire connaître leurs races au public, mais aussi de créer un lien entre les populations. En effet, leur première vocation est la médiation thérapeutique afin de favoriser l'échange entre les personnes en situation de handicap et les animaux. À l'intérieur de la ferme, tout est pensé pour que tous les visiteurs puissent participer et repartir avec de beaux souvenirs de leur expérience avec les animaux.

Sur 11 hectares, les lamas accueillent les visiteurs chez eux – c'est un credo essentiel à la ferme : on s'adapte à l'animal et non l'inverse. Il faut donc apprendre à connaître leur rythme et leurs habitudes afin de les laisser venir vers vous le plus naturellement possible. Le processus est le même dans la basse-cour, où vous pourrez rentrer dans les enclos, vous asseoir sur un tronc d'arbre et attendre que poules, cochons d'Inde ou lapins s'approchent pour être nourris. Vous apprendrez également beaucoup sur les différentes espèces grâce à des panneaux explicatifs et inclusifs, placés devant chaque enclos.

Et on arrive enfin dans l'espace des camélidés, qui circulent en liberté. Certains mâles sont isolés car leur tempérament agressif les empêche de cohabiter avec les femelles. Ces animaux vivent en meute, ils sont méfiants de prime abord puis viendront vers vous s'ils le désirent, à l'affût de petites caresses. En prenant un peu d'herbe dans vos mains, vous aurez peut-être la chance de cajoler la Miss Europe 2012 des lamas ! C'est un spectacle magnifique que vous offrent ces animaux, tantôt majestueux, tantôt rigolos – impossible de rester insensible face à une jolie tête d'alpaga. Il est possible de se balader accompagné d'un bénévole avec un lama ou alpaga, de participer aux soins des animaux, et de venir fêter son anniversaire en bonne compagnie.

Adresse Lieu-dit Champ Paillot, 25620 Mamirolle, www.la-ferme-aux-lamas.fr | **Accès** Prendre A36 sortie Besançon-Centre puis N57 direction Valdahon, D221 direction Mamirolle | **Horaires d'ouverture** À consulter sur leur site | **À savoir** Allez visiter à Trépot la fromagerie-musée pour tout savoir sur le Comté et sa fabrication à l'ancienne.

MANDEURE

62 — Le théâtre gallo-romain
Marchez sur les pas des Romains

Visiter des lieux historiques nous fait toujours un petit quelque chose. Cela peut même parfois nous bouleverser, car se rappeler les événements qui se sont déroulés là, juste sous nos pas, est particulièrement émouvant. C'est ce qui s'est passé lors de notre visite du théâtre gallo-romain de Mandeure.

Epomanduodurum, nom de la cité antique qui s'étendait sur le territoire des communes de Mandeure et de Mathay, était la première agglomération gallo-romaine du pays de Montbéliard, un poumon économique important grâce à sa situation géographique, puisqu'elle était accolée au méandre du Doubs, position favorable aux activités commerciales par voie navigable. Cité prospère et importante, Epomanduodurum a créé une vraie dynamique avec tout l'essor populaire que cela pouvait engendrer, dont la construction de bains municipaux et d'un théâtre. Des ruines de bains sont encore visibles à Mandeure, mais le plus gros des vestiges, parmi les plus impressionnants et les plus recherchés par les archéologues, se trouve à Mathay, au théâtre. Ici, les fouilles attirent des professionnels venus de toute la France qui ont pu faire remonter à la surface suffisamment de pièces intéressantes pour se faire une idée de la vie à cette époque. Ont été retrouvés pendant ces fouilles une nécropole du IIe siècle, des lieux de culte, mais également ce qu'on suppose être la cuisine des gladiateurs ou comédiens qui venaient distraire le peuple et autres notables romains. Des fragments de la vie quotidienne comme des assiettes, des verres, des amphores ou des bijoux ont été également déterrés et sont étudiés régulièrement.

Le site se visite librement ou avec une historienne qui vous contera la vie à l'époque romaine et l'histoire du site, un moment fascinant. Des ateliers sont aussi proposés, où petits et grands peuvent se prendre pour des archéologues. À savoir que le théâtre de Mandeure était l'un des plus grands de Gaule, pouvant accueillir jusqu'à 18 000 personnes !

Adresse 13 rue du Théâtre, 25350 Mandeure | **Accès** Prendre A36 sortie 6 direction Bavans puis D53 et D437 | **À savoir** N'hésitez pas à aller au musée des Ducs de Wurtemberg à Montbéliard, où sont exposées des pièces issues des fouilles archéologiques du site de Mandeure.

63   Le prieuré de Marast
Quand l'histoire rencontre la culture

Si vous aimez le patrimoine religieux, les vieux édifices à l'histoire impressionnante, mais également les lieux insolites pour écouter un concert ou voir un vieux film, le prieuré de la commune Marast est fait pour vous. C'est en tout cas l'un de nos coups de cœur.

Au centre d'un petit village haut-saônois, traversé par le chemin de Compostelle, ce prieuré offre un véritable voyage dans le passé, plus exactement au XIIe siècle. C'est à cette époque que l'église a été construite pour accueillir des chanoines qui ont entièrement investi le village et ses alentours, créant une véritable communauté qui travaillait et faisait prospérer la bourgade.

Au fil des siècles, les habitants du couvent ont changé, les pierres ont bougé, les murs ont vu passer des séminaristes, des collégiens et même des soldats durant la Seconde Guerre mondiale. Ce sont des chantiers de jeunes dirigés par l'abbé Billy, de 1968 à 1972, qui ont redonné à l'église son aspect originel et, aujourd'hui encore, des travaux sont en cours. L'édifice est classé monument historique et il faut absolument voir la maquette exposée à l'intérieur pour se rendre compte de la grandeur du site à l'époque. À l'intérieur, jetez un œil aux piliers et appréciez ce style roman de l'influence rhénane-mosellane. Prenez encore une minute pour lever un peu plus les yeux et admirer la magnifique voûte avec une charpente en forme de navire renversé, elle est impressionnante ! Tout autour, des vestiges du site d'origine sont visibles et, si vous allez derrière, vous verrez une fontaine-lavoir d'époque, lieu vivant du village.

Aujourd'hui, c'est une association de bénévoles actifs et amoureux du site, Les Amis du prieuré de Marast, qui s'occupe de conserver ce patrimoine historique et de lui donner une deuxième jeunesse. Et ils ont trouvé le bon moyen : en y ajoutant une touche de culture. Des concerts, des séances de cinéma et des expositions sont régulièrement organisés – il paraît même que l'acoustique y est particulièrement intéressante !

Adresse Rue du Prieuré, 70110 Marast, prieuremarast.blogspot.com | **Accès** Prendre N57 puis D9 et D4 en direction de Marast | **Horaires d'ouverture** Selon programmation culturelle et durant les journées du patrimoine | **À savoir** Allez visiter le village de Villersexel, classé Petite cité de caractère.

64 La ferme Ligny
La mozzarella made in Haute-Saône

La ferme Ligny de Melin, en Haute-Saône, est une véritable histoire de famille. Ce sont les parents Ligny qui ont commencé l'aventure il y a de cela plus de 40 ans en constituant un élevage de chèvres. Aujourd'hui, Antoine et ses frères et sœurs ont repris le flambeau au sein d'une ferme bien plus étoffée : cochons, poulets, et quelque 80 vaches laitières sont venus compléter le cheptel de biquettes de départ, qui évoluent à présent sur les 180 hectares de la propriété familiale.

Ici, le lait et la viande sont transformés pour alimenter les boutiques tenues par la ferme : l'Épicerie Ligny de Combeaufontaine et la Crèmerie Ligny à Vesoul, en plus d'autres crèmeries du côté de Dijon ou de Besançon. On y trouve du fromage, mais aussi des yaourts, du beurre, de la cancoillotte, de la crème ainsi que des plats à base de viande de la ferme. Ces produits se trouvent aussi sur les marchés locaux où la ferme installe ses étals.

Mais l'originalité du lieu, c'est surtout son élevage de bufflonnes ! Une activité plus insolite, commencée pour se diversifier. En provenance de Suisse, ces buffles d'eau, originaires d'Asie, s'acclimatent bien à la vie en Haute-Saône. La dizaine de bufflonnes, plus petites, mais tout aussi impressionnantes grâce à leur carrure et leurs cornes, côtoient les vaches dans l'étable dans une entente cordiale, tout en restant en clan. L'été, elles profitent de leur piscine naturelle, creusée dans le pâturage. Le lait des bufflonnes, bien que plus difficile à obtenir (les animaux sont un peu moins coopératifs !), est plus riche et plus gras que celui des vaches. Il est ensuite transformé en boules de mozzarella directement à la ferme – il faut un litre de lait de bufflonne pour produire 200 grammes de mozzarella – un produit très demandé par les locaux, et qui se retrouve même dans quelques assiettes de restaurants étoilés bourguignons.

On peut retrouver la précieuse mozzarella dans l'épicerie du village, mais il faudra être rapide : il n'y en a pas pour tout le monde et les gourmands s'y pressent !

Adresse Route Oigney, 70120 Melin | **Accès** Suivre N19 jusqu'à Gourgeon, puis suivre la direction Melin. La ferme est sur la route entre Melin et Oigney | **Horaires d'ouverture** La ferme étant un lieu de travail, elle n'est pas ouverte au public. Vous pouvez retrouver leurs produits dans leurs boutiques à Combeaufontaine, Vesoul… | **À savoir** À voir dans les environs, l'abbaye de Cherlieu et le château de Ray-sur-Saône.

MÉLISEY

65 — Le Domaine de la Patte d'Oie

Un moment hors du temps au bord de l'eau

Il y a des petits coins où le temps s'arrête, où vous vous sentez loin de tout, où tout est réuni pour passer un bon moment. Le Domaine de la Patte d'Oie en fait partie. C'est le bébé de Claire Jeannin et Nicolas Gavoille : sur des terres familiales, nichées au cœur du plateau des Mille-Étangs, dans les Vosges du Sud, ils ont créé cet espace jalonné par de nombreux étangs, qui font le bonheur de Nicolas. Ce moniteur-guide de pêche vous accompagnera lors de stages ou de visites et, si vous êtes un pêcheur chevronné, vous pourrez pêcher à votre guise grâce à des cartes de pêche. Chaque étang a une pêche différente : le brochet, la carpe, les gardons…

Le domaine de Claire, c'est le bien-être. Dans un adorable chalet, elle met à profit son diplôme de masseuse et son expérience dans des spas de luxe. Elle prodigue des soins tels que des massages ou de la réflexologie plantaire. Vous trouverez aussi un espace sauna et un lieu pour accueillir des moments entre amis – comme des ateliers où l'on apprend à faire des masques avec des produits naturels –, des anniversaires ou des enterrements de vie de jeune fille.

Le domaine est aussi un lieu d'hébergement assez unique. Au bord de l'étang principal se trouvent trois chalets pouvant accueillir chacun un nombre de personnes différent. Ils sont tous construits de manière éco-responsable, en bois local et chauffés au bois. Leur terrasse est sur pilotis afin d'avoir une vraie communion avec l'environnement. Il est d'ailleurs possible de faire le tour de l'étang ; c'est un régal pour les amoureux de nature d'être ainsi plongés au cœur de la faune et de la flore haut-saônoise.

Claire et Nicolas se feront un plaisir de vous aider à agrémenter votre passage chez eux en vous donnant de bonnes adresses de producteurs locaux avec lesquels travaillent, de restaurants sympathiques, ou bien des idées de randonnées.

Adresse 2 bis Les Guidons, 70270 Mélisey, www.sejour-gite-peche.fr | **Accès** Prendre la N19, sortie 15 Lure puis D486 direction Mélisey puis la D72 direction Lantenot et suivre Les Guidons pour arriver au domaine | **À savoir** Allez voir les savons faits maison de la savonnerie des Mille Étangs à Mélisey.

MÉREY-SOUS-MONTROND

66 Le sentier karstique du Grand Bois

Une plongée dans l'histoire de la roche

À Mérey-sous-Montrond, à quelques kilomètres d'Ornans, se cache, au cœur de la forêt, l'un des plus anciens sentiers karstiques parmi la vingtaine existant sur le territoire français. Sur un circuit de moins de 2 kilomètres, il est possible d'observer des faits géologiques remarquables propres aux caractéristiques de l'érosion des pierres comme le calcaire, au cours d'une belle balade en forêt, ombragée et ludique, qui vous permettra de comprendre ces phénomènes naturels en famille…

Trois boucles sont proposées pour découvrir ce joli sentier karstique : une boucle gratuite et libre d'accès, une plus petite boucle accessible aux personnes à mobilité réduite et aux poussettes, et une boucle plus longue, payante, accessible en visite guidée. La balade commence fort puisque vous arrivez directement sur la Grande Doline, un impressionnant trou profond de 27 mètres qui mène à une faille dans la pierre, creusée par l'eau. Un escalier vous permet de descendre au fond. Ici, la nature est omniprésente, les arbres se dressent en direction du ciel et donnent au visiteur l'impression d'être minuscule face à ce qui l'entoure. En été, la profondeur de la doline procure un grand courant d'air frais. Sûrement l'un de nos lieux préférés en Franche-Comté !

On continue son chemin au milieu des puits, gouffres et lapiaz, ces impressionnantes tables de pierres de plusieurs tonnes. On passe dans des tunnels, on observe les dolines, on joue à cache-cache dans les lapiaz… La mousse est collée sur les pierres et les arbres, ce qui donne une atmosphère « forêt de Hobbits » au lieu – un esprit féerique renforcé par les panneaux citant des poèmes ou des auteurs, disséminés sur le chemin. Sur le circuit payant, vous terminerez la visite par la grotte Maeva, qui surprend par sa beauté et sa taille – la galerie principale fait environ 80 mètres –, souffle coupé garanti ! Un circuit familial agréable, pas trop long, où l'on peut prendre le temps de pique-niquer et d'apprendre plein de choses sur la géologie en s'amusant.

Adresse 25660 Mérey-sous-Montrond, http://www.montrond-le-chateau.fr/info/sentier.html | **Accès** La forêt se trouve sur la route entre Mérey-sous-Montrond et La Vèze : prendre la D143 puis D111 | **À savoir** Si vous aimez ce type de balade, le sentier karstique de Besain, proche de Poligny, se trouve à environ 1 heure de route.

67 Le tuyé de Mésandans
La Franche-Comté dans votre assiette

Commençons par les bases : qu'est-ce qu'un tuyé ? Il s'agit d'une sorte de pièce en bois tout en hauteur qui trônait au milieu des fermes comtoises, dans laquelle on faisait fumer la viande. Un fumoir en quelque sorte, mais typique de la région, et notamment du Haut-Doubs.

Le Tuyé de Mésandans a conservé cette ancienne pièce au milieu d'installations plus modernes, pour offrir au public une vraie gamme de produits franc-comtois, fabriqués dans les plus pures traditions de nos ancêtres. Depuis 1991, les propriétaires cultivent ce savoir-faire et leurs valeurs d'antan tout en évoluant au fil des innovations et des techniques. Soucieux de préserver ce patrimoine, ils ont à cœur de faire perdurer tradition, qualité des produits et respect de l'environnement. Toutes leurs matières premières en qualité de viande sont françaises et, autant que possible, locales. Leurs produits sont sans additifs chimiques ni nitrites si la fabrication le permet. Ils ont d'ailleurs le label Clean label.

Leurs produits phares sont, bien sûr, les saucisses – qu'elles soient de Morteau ou de Montbéliard – qui ont déjà reçu plusieurs récompenses dans des concours agricoles ou culinaires. Et là, la tradition du tuyé prend tout son sens, puisqu'elles sont fumées à l'ancienne, dans le noir. Un autre est plus moderne, mais le principe et le résultat sont les mêmes. Le Tuyé propose une large palette de produits de notre région comme des saucissons au Comté, des rillettes au vin jaune et aux morilles, de la viande, du jambon, mais aussi du fromage – Comté, morbier, cancoillotte... Ils tentent aussi des recettes inédites, mais toujours délicieuses, comme leur chorisson (saucisse sèche, fumée et légèrement pimentée) ou encore leur mille-feuille de saucisse de Morteau à la mousse de canard qu'ils ne produisent que pour les fêtes. Un espace épicerie fine de plusieurs producteurs locaux se trouve aussi dans leur magasin. Vous pouvez manger sur place dans leur restaurant ou venir chercher vos produits dans la boutique, qui s'est dotée d'une boulangerie traditionnelle à l'ancienne. Ils livrent également dans la région.

Adresse Zone artisanale en Chandin, route de Baume-les-Dames, 25680 Mésandans, www.letuyedemesandans.fr | **Accès** Prendre A36 sortie Autechaux puis prendre la direction de Mésandans | **Horaires d'ouverture** Boutique : du mardi au vendredi de 7 h à 19 h, le samedi de 7 h à 18 h, le dimanche de 7 h 30 à 12 h 30. Restaurant : du lundi au vendredi de 12 h à 14 h | **À savoir** Allez visiter le château de Montby et suivre les travaux de rénovation réalisés par des bénévoles férus du Moyen Âge qui proposent aussi des reconstitutions.

68 — Le Regardoir
Dîner avec vue

Perché en haut de falaises surplombant le lac de Vouglans, le restaurant panoramique Le Regardoir vaut le détour : c'est sûrement la plus belle vue de la région depuis un restaurant. Le lac de Vouglans est la troisième plus grande retenue d'eau de France. Il n'a rien à envier au lac de Saint-Point par exemple, tant sa couleur turquoise ou émeraude, selon le moment de la journée, est vive et dépayse complètement. À vous de dénicher une plage, sur les 35 kilomètres de littoral, pour vous prélasser et faire quelques brasses dans l'eau transparente. La plus connue reste la plage de la Mercantine, mais vous pourrez trouver des petites criques pour être plus tranquilles. Des activités au bord du lac sont proposées, comme des locations de bateaux ou, pour les plus aventuriers, une via ferrata qui offre une vue de dingue !

Le restaurant Le Regardoir à Moirans-en-Montagne surplombe une partie du lac. Avec sa terrasse et ses baies vitrées qui offrent une vue panoramique, vous serez autant subjugués par le paysage que par le contenu de votre assiette ! À n'importe quel moment de la journée, vous assisterez à un spectacle unique, hypnotisés par la beauté du lac. Le mieux, il faut bien l'avouer, c'est d'y aller le soir et d'assister au coucher du soleil. Le restaurant est grand – il peut accueillir près de 200 couverts – et a un accès pour les personnes à mobilité réduite. Dans une ambiance moderne et chaleureuse, il offre un beau volume grâce à une charpente cathédrale apparente magnifique, signature de nos artisans locaux, et propose une cuisine du terroir, mettant en avant les spécialités franc-comtoises et plus particulièrement jurassiennes. Vous pourrez retrouver notamment des plats incontournables comme la fondue franc-comtoise, une fricassée de poulet au Comté et au vin jaune ou encore la fameuse boîte chaude jurassienne avec un crémeux du Jura en y trempant une saucisse de Morteau ! Les produits sont locaux autant que possible : bières artisanales, vins du Jura et plus particulièrement d'Artois, salaisons du Haut-Doubs et bien sûr, fromages de notre région, tant réputée pour sa diversité fromagère.

Adresse 45 avenue de Franche-Comté, 39260 Moirans-en-Montagne, www.leregardoir.com | **Accès** Prendre A39 direction Lons-le-Saunier puis D52 et D460 direction Moirans-en-Montagne | **Horaires d'ouverture** Tous les jours le midi et le soir en juillet et en août puis le midi du mardi au dimanche et le soir le samedi et le dimanche. Fermeture du 20 décembre au 20 janvier | **À savoir** Allez faire un tour au musée du Jouet à Moirans-en-Montagne, spécialisé dans les jouets fabriqués en bois jurassien.

69 — Les grottes des Moidons
Être au cœur de la terre

Si on avait dit à Pierre, Fred et son fils qu'ils allaient faire une découverte qui changerait leurs vies, ils n'y auraient pas cru. C'est au cours d'une descente de spéléologie que Pierre Murat, Fred Meyer et son fils ont découvert une grotte préhistorique de plus de 5 000 mètres de long. Ils ont continué à l'explorer et à l'aménager pour que, le 11 juin 1989, ils puissent l'ouvrir au public.

La visite, accessible à tous âges, et même aux poussettes, dure 50 minutes. Sortie familiale agréable, pensez malgré tout à prendre une veste, car la température avoisine les 10 degrés. Le parcours commence par un petit film de présentation où est racontée l'incroyable découverte des copains. On suit ensuite l'évolution des travaux et les aménagements pour rendre la grotte accessible. Puis vient la descente en son cœur, où vous pourrez admirer des draperies, des colonnes de calcaire, des stalactites et stalagmites immenses aux différentes formes qui feront marcher votre imagination. Quand on sait qu'un centimètre se forme en un siècle, la taille immense des stalactites qui se dressent vous donnera le vertige. D'ailleurs, les grottes des Moidons se vantent d'avoir les plus belles stalactites du Jura, à vous de nous dire si c'est vrai ou pas ! La visite se termine par un spectacle de son et lumière. La grotte est également un espace protégé qui abrite une centaine de chauves-souris. Les plus jeunes pourront ainsi en apprendre plus sur ces chiroptères lors d'un petit parcours ludique en fin de balade.

Tout le site a été pensé de manière éco-responsable : le bâtiment principal est entièrement fabriqué avec du bois des forêts jurassiennes, la partie restauration se fait en circuit court avec des produits locaux, l'eau de pluie est réutilisée, un toit végétalisé permet de réguler la température toute l'année dans le bâtiment… le tout dans un but de préservation maximale du lieu. Une aire de pique-nique est à disposition et des sentiers de découverte sur la nature parcourent les alentours du site.

Adresse Route d'Arbois, 39800 Molain, www.grottesdesmoidons.com | **Accès** Prendre A36 direction Besançon-Centre puis N83 jusqu'à Arbois puis direction Champagnole, au cœur de la forêt des Moidons. | **Horaires d'ouverture** Les grottes sont ouvertes d'avril à septembre : les horaires sont à consulter sur le site internet. | **À savoir** Allez vous baigner au lac de Chalain, un lac familial aux reflets turquoise…

MONTBÉLIARD

70 — Le Chat Toqué
Bienvenue chez grand-mère

Vous ne pouvez pas rater cette devanture bleu turquoise et fleurie en pleine rue piétonne montbéliardaise. Et si la façade dénote déjà autant, imaginez donc l'intérieur ! À peine la porte d'entrée franchie, vous faites un saut dans le temps : rendez-vous dans les années 50, avec des tables en formica et de la vaisselle dépareillée, ou bien encore des verres à eau comme vous n'en avez plus vu depuis l'époque où vous fréquentiez la cantine scolaire. Mais ne vous y trompez pas, vous entrez dans un vrai salon de thé, celui où l'on savoure des douceurs tout en racontant des potins avec sa meilleure amie, celui où l'on vient boire un sirop avec sa chère tête blonde au milieu d'une après-midi shopping. Le temps s'arrête dans cet endroit où l'on se sent immédiatement chez soi.

L'ambiance est délicieusement rétro, des bibelots ornent les grandes étagères aux murs et font partie intégrante du commerce car ici, tout est à vendre. Un vrai concept store ce chat toqué ! Le salon comprend deux salles pour déguster des gourmandises. Vous trouverez sûrement votre bonheur parmi les boissons, que ce soient des thés ou infusions, des sirops (plus de 25 parfums), des chocolats chauds gourmands et viennois, mais aussi des boissons alcoolisées comme du vin ou de la bière. Et pour accompagner tout ça, il faut vous laisser séduire par leurs desserts alléchants présentés dans la vitrine. À tout petit prix, vous pourrez déguster des tartes au citron à la meringue impressionnante, des tartes noix-caramel ou aux pralines roses, des tiramisus ou encore des mousses au chocolat, le tout fait maison, bien sûr.

Mais si vous préférez vous arrêter le temps d'un déjeuner, c'est une carte de salades ou de bons burgers qui vous attend. Un gros coup de cœur pour le Burger du Chat qui est délicieusement bon. Tout est préparé avec des produits frais et locaux autant que possible. Poussez la porte, venez admirer les portraits des aïeuls du chat, et laissez-vous séduire par ses gourmandises à en miauler de plaisir !

Adresse 21 rue Cuvier, 25200 Montbéliard | **Accès** A36 sortie Montbéliard-Centre | **Horaires d'ouverture** Le lundi de 12 h à 18 h et du mardi au samedi de 12 h à 18 h 30 | **À savoir** Et si, après un bon goûter, vous souhaitez prolonger le plaisir, allez prendre un apéritif dans une cave chez le voisin du Chat Toqué, Le Local Bar.

71 Sur les traces de Georges Cuvier
Le plus connu des Montbéliardais

Le 23 août 1769, l'anatomiste français Georges Cuvier naît à Montbéliard. Il y vit jusqu'à la fin de ses études. Sa maison natale est située en plein centre-ville, anciennement 22 rue sur l'Eau, renommée depuis rue Cuvier. Vous pourrez la repérer grâce à sa plaque, au portrait du scientifique qui est peint au 2e niveau, ainsi qu'à sa yorbe – un escalier à vis en pierre. Aujourd'hui, la maison est habitée par un particulier. Une autre trace de la présence de Cuvier dans la ville de Montbéliard se trouve sur la place devant la mairie, où trône une belle statue de bronze, réalisée par le sculpteur David d'Angers.

Mais ce qui nous intéresse le plus, c'est le musée d'archéologie et d'histoire naturelle de Montbéliard – dit musée Cuvier –, situé à deux pas de la gare, dans le remarquable château des ducs de Wurtemberg qui abrite aussi le Musée des Beaux-Arts. Partez donc à la découverte des collections consacrées au père de l'anatomie comparée et de la paléontologie au 2e étage, vous arriverez d'ailleurs directement face à son buste ! Au cours de la visite, vous serez plongé dans l'univers de Cuvier, spécialiste de la faune et de la flore, auxquelles il a dédié une vie d'étude. Partout, des animaux naturalisés et des squelettes vous permettront d'en savoir plus sur ses méthodes de classification des espèces.

Une pièce est consacrée à la reconstitution du bureau du scientifique, grâce au talent d'artisans locaux. On s'y croirait ! Autre apport du savoir-faire local, des objets ont été créés via imprimante 3D par les étudiants de l'UTBM : décidément, ce musée est fédérateur ! Vous poursuivrez ensuite la visite dans la galerie régionale de paléontologie où il est possible d'admirer d'incroyables restes de rhinocéros, de mammouths et d'ours des cavernes. En fin de visite, prenez un peu de temps pour flâner dans la galerie d'histoire naturelle régionale, où la faune locale est mise en scène dans des décors, en fonction des milieux naturels et des saisons.

Adresse 7 rue des Tours, 25200 Montbéliard, www.paysdemontbeliard-tourisme.com | **Accès** A36 sortie Montbéliard-Centre, se garer au pied du Château | **Horaires d'ouverture** Musée du château ouvert du mercredi au lundi de 9 h 30 à 12 h 30 et de 13 h 30 à 18 h | **À savoir** La vue depuis la terrasse du château est très agréable en été, mais aussi pendant la période du marché de Noël, l'un des plus beaux d'Europe !

72 — L'arboretum de Montbéliardot

Entre forêt et conte de fées

Il y a un petit coin en Franche-Comté, perdu au milieu des pâturages, à quelques mètres d'un village où il y a plus de vaches que d'habitants, qui a eu une belle idée pour sauvegarder sa forêt.

Lors de la tempête de 1999, la forêt communale de Montbéliardot a vu une grande partie de ses arbres détruits. Au lieu de replanter des sapins comme auparavant, le maire et son spécialiste forestier ont eu la bonne idée de créer un arboretum avec les enfants de l'école. Ils souhaitaient alors sensibiliser les écoliers aux espèces d'arbres régionales. Et c'est avec eux qu'ils ont commencé à planter des arbres sur 2 hectares environ. Aujourd'hui, ce n'est pas moins d'une centaine d'arbres qui composent l'arboretum, et on compte une trentaine d'espèces différentes comme le mélèze, l'alisier blanc, l'orne de montagne ou encore le fusain. Devant chaque arbre se trouve un panneau indiquant son espèce. Mais ce n'est pas tout : la commune a voulu rendre ce lieu unique, presque enchanteur, en faisant appel à un artisan local qui a créé tout un monde de sculptures en bois sur le thème de Blanche-Neige et les sept nains. Les personnages sont disséminés tout au long du parcours, qui fait environ 2 kilomètres. Un vrai plaisir pour les enfants à la recherche des statues en bois.

Le sentier n'est pas balisé ; il n'y a même pas réellement de chemin tracé. Libre à vous d'aller et venir comme bon vous semble, de couper à travers chemin, de vous laisser guider par les arbres et les sculptures. Au milieu du terrain vallonné se trouvent deux grands abris de pique-nique avec table et bancs pouvant accueillir les grandes familles et des barbecues en pierre sont à disposition. Pensez à prévoir une petite laine, vous serez à 855 mètres d'altitude tout en haut d'une vallée. Cela vous permettra, d'ailleurs, d'avoir de beaux panoramas tout autour de l'arboretum, que ce soit sur les pâturages ou sur les éoliennes suisses.

Adresse 25210 Montbéliardot | **Accès** Prendre N57 puis D461 et D41. L'arboretum se trouve sur la route de Plaimbois-du-Miroir | **Horaires d'ouverture** Accès libre toute l'année | **À savoir** Allez admirer la vallée du Dessoubre depuis le belvédère de la Roche du Miroir qui se situe à 4 kilomètres de l'arboretum.

MONTBENOÎT

73 — La république libre du Saugeais
Une république au cœur de la région

Tout commença par une plaisanterie : en 1947, le préfet du Doubs, Louis Ottaviani, rencontra un couple d'hôteliers, Georges et Gabrielle Pourchet. Georges lui demanda sur un ton farceur s'il avait un laissez-passer. Un laissez-passer, mais pourquoi ? L'hôtelier lui expliqua que le Val de Saugeais était un groupement de onze villages franco-suisses devenus indépendants au Moyen Âge car donnés par le seigneur de Joux afin de construire un monastère pour accueillir des moines de l'ordre des Augustins venus de Suisse. Le Saugeais a été administré pendant des siècles par le monastère et son abbé, et ses lois ont perduré jusqu'au début du XXe siècle. Après les explications sur ce drôle de groupement, le préfet répondit à l'hôtelier : « Vous êtes en somme une république, et dans une république il faut un président, je vous nomme donc président de la république libre du Saugeais ».

Aujourd'hui vidée de ses moines depuis 1773, l'abbaye est unique grâce à son cloître et ses 32 arcades encore d'origine avec des collerettes décorées de végétaux et d'animaux dont la fameuse Vouivre, légende de Franche-Comté. Lors de la visite, vous pourrez voir la cheminée de la cuisine encore en fonctionnement – elle marche pour le public l'été, lors des animations nocturnes. Vous pourrez également rentrer dans le cachot qui servait à garder les prisonniers avant de les remettre au seigneur du château de Joux pour la sentence finale. Allez aussi admirer le chœur de l'église, unique par son plafond et ses stalles aux sculptures plutôt tendancieuses pour l'époque !

Après son « officialisation », la république s'est dotée d'un drapeau, d'un blason, d'un timbre, mais aussi d'un hymne national et même de douaniers qui peuvent demander votre laissez-passer pour rentrer en territoire du Saugeais. Plusieurs personnalités sont citoyens d'honneur comme Edgar Faure, Bernadette Chirac ou Nicolas Sarkozy qui, lors de son mandat de président, y a même fait une visite officielle.

Adresse 25650 Montbenoît, www.montbenoit.fr | **Accès** Prendre N57 en direction de Pontarlier puis D430 et D437 jusqu'à Montbenoît | **À savoir** Allez jusqu'à Métabief, village qui accueille une station de ski et partez en randonnée pédestre ou en VTT.

74 — La biscuiterie Montbozon
Le dessert préféré du roi Louis XVI ?

L'histoire raconte que, durant la Révolution française, le pâtissier du roi, Joseph Guichard, aurait pris la fuite jusqu'à se retrouver dans le petit village haut-saônois Montbozon et aurait logé à l'hôtel de la Croix d'Or tenu par la famille Lanternier. Pour les remercier de leur hospitalité, il cuisina et confectionna des petits gâteaux dont il leur donna la recette. Ce soi-disant dessert préféré du couple royal serait à l'origine des fameux biscuits de Montbozon, avec la célèbre devise « le roi des desserts, le dessert des rois ».

La recette a été gardée secrète jusqu'en 1857, date à laquelle elle fut brevetée. La famille Lanternier a alors commencé la commercialisation de ces petits gâteaux, d'abord en Franche-Comté, puis dans toute la France, et même à l'international. L'entreprise a perpétué cette tradition culinaire vieille de près de 3 siècles et conserve toujours sa recette qui se compose simplement de sucre, de farine, d'œufs, d'un soupçon de fleur d'oranger et… d'ingrédients secrets, bien sûr ! Seuls les quantités et les ustensiles ont évolué, mais la fabrication se fait toujours dans la plus pure tradition artisanale – les gâteaux sont même collés entre eux à la main. Les emballages rappellent aussi leur prétendue origine. Ces petits biscuits de forme allongée et ovale sont légèrement glacés sur le dessus et ont une douceur moelleuse au milieu. Il est conseillé de les consommer assez rapidement, car il n'y a aucun conservateur dans la recette, au bout de 15 jours, ils commenceront à sécher. On rapporte qu'ils sont délicieux avec du champagne, mais aussi pour le goûter, en pure gourmandise, ou dans des recettes pâtissières, comme des charlottes aux griottines, une autre spécialité de la région.

La biscuiterie Lanternier a reçu le label Entreprise du patrimoine vivant qui récompense les entreprises françaises au savoir-faire artisanal et industriel d'excellence. Il y a deux magasins pour découvrir les biscuits, mais le plus traditionnel est celui de Montbozon où vous pourrez voir un petit film retraçant l'histoire familiale, un salon de thé ambiance royale, mais aussi une vue sur l'atelier de fabrication.

Adresse 40 rue des Chenevières, 70230 Montbozon, biscuiteriedemontbozon.fr | **Accès** Prendre N57 puis D26 | **Horaires d'ouverture** Du lundi au vendredi de 8 h à 15 h et le samedi de 8 h à 12 h | **À savoir** À 10 kilomètres de là se trouve le château Fillain, monument de la Renaissance avec son jardin à la française.

MONTÉCHEROUX

75 — Le musée de la Pince
Un art reconnu dans le monde entier

Montécheroux est un petit village du Doubs, situé sur le plateau du Lomont. S'il compte aujourd'hui à peine 600 habitants, il fut l'un des bastions de la forge il y a deux siècles de ça. Des dissensions politiques et religieuses – le village n'étant ni français ni franc-comtois – l'obligent à vivre en autarcie au XVIe siècle, forçant les habitants à développer leurs propres moyens de subsistance. Le travail du fer devient alors la spécialité des villageois, qui développent une technique bien particulière : le maillage ou la pince maillée, qui fait la renommée du village dans le monde entier – vous trouverez d'ailleurs dans l'une des salles du musée des bons de livraison vers les destinations les plus exotiques, comme l'Afrique du Sud, le Japon ou encore l'Amérique du Sud. Au XIXe siècle, on ne comptait pas moins d'une centaine de forges, rien que dans le village.

Aujourd'hui, l'association Musons et Créons, fondée en 1983 par des amoureux du patrimoine local, met en avant ce savoir-faire ancestral, qui a fait la richesse d'antan et la fierté d'aujourd'hui. Le musée de la Pince est unique en France : plusieurs salles racontent l'histoire de la forge et montrent comment, d'un simple bout de fer, une pince naît de la main des ouvriers, à travers différentes étapes. Des démonstrations à ne pas manquer ont d'ailleurs lieu tous les dimanches. La salle des collections est impressionnante, notamment une vitrine d'exposition en bois qui a été récompensée à l'Exposition universelle de Paris de 1889. Et c'est là que vous découvrirez à quel point il existe quantité de variétés de pinces ! Tous les corps de métier en possèdent : outils d'horloger, pinces médicales et chirurgicales, pinces à hosties, pinces à couper les ressorts, pinces à couper les queues d'orange, pinces pour les poinçonneurs des métros, pinces pour ressortir les bouchons de champagne… ! Cette salle présente aussi des photographies d'hommes qui fabriquaient ces pinces et qui ont dédié leurs vies au village – un hommage poignant à ces mains sans lesquelles rien n'aurait été possible.

Adresse 12 rue de la Pommeraie, 25190 Montécheroux, museedelapince.fr | **Accès** Prendre A36 sortie Audincourt, suivre Bondeval, Blamont et Montécheroux | **Horaires d'ouverture** Ouvert du 1er mai au 31 octobre du mercredi au dimanche de 14 h à 18 h (hors saison sur rdv) | **À savoir** Allez vous promener dans le joli village de Saint-Hippolyte et admirer les rivières du Doubs et du Dessoubre.

MONTLEBON

76 — Le Meix Lagor
Quand un studio de tournage s'installe dans le Doubs

L'histoire du Meix Lagor commence en 1978 quand Christian, originaire du Massif central, plaque tout pour venir s'installer, avec son élevage de moutons, dans cette ferme typique du Haut-Doubs datant de 1803. Ici, dans le calme et la nature préservée, il s'occupe de ses bêtes et transforme progressivement la ferme en auberge, puis en restaurant, à force de rénovations. Actuellement, le Meix Lagor propose des locations de gîtes de charme au sein de la ferme et de ses anciens greniers. Un lieu prisé tant pour des vacances en famille que pour des séminaires professionnels au vert.

Au début des années 2000 débute une drôle d'aventure au Meix Lagor. Alors que l'acteur et réalisateur Gérard Jugnot recherche un lieu pour installer le studio de tournage de son prochain film, *Monsieur Batignole*, il est invité par un ami à déjeuner à la ferme pour découvrir l'endroit. Au départ peu convaincu, l'acteur finit par changer d'avis quelques mois plus tard et les studios de tournage doivent s'installer… dans la bergerie. Branlebas de combat pour Christian : il faut débarrasser entièrement l'immense hangar et déménager les bêtes pour accueillir l'équipe de tournage, qui y prendra ses quartiers en 2001.

Commence alors la danse des semi-remorques pour la construction de décors comme celui de la gare de Lyon, la loge du concierge, la cave ou encore les toits de Paris, reconstitués en lieu et place de l'actuel parking. Pendant deux mois et demi, 160 personnes se succèdent pour construire et mettre en place ces décors et effectuer les tournages. Aujourd'hui, il ne reste plus de traces du passage des équipes, si ce n'est une affiche clouée au mur de l'auberge et les ardoises des tuiles des toits de Paris reconstituées, habilement utilisées en luminaires dans les gîtes ! D'autres lieux du Doubs ont été mobilisés pour le tournage comme la commune du Bizot, la gare de Morteau ou encore Les Gras pour les scènes de nature. Saurez-vous les repérer lors de votre prochain visionnage de *Monsieur Batignole* ?

Adresse D48, 25500 Montlebon, www.meix-lagor.fr | **Accès** Prendre A36 sortie Valdahon, direction Morteau puis D48 | **À savoir** Entre le Doubs et la Suisse, vers la commune des Gras, allez vous reposer et contempler le lac des Taillères.

MORTEAU

77 — Le musée de l'Horlogerie
Cinq siècles d'histoire de la mesure du temps

Au centre-ville de Morteau, difficile de rater le musée de l'Horlogerie : il est installé depuis une quarantaine d'années dans le château Pertusier, un bâtiment classé du XVIe siècle, présentant de très beaux détails d'architecture aussi bien sur la façade qu'à l'intérieur. Créé par d'anciens horlogers, le musée a la particularité de présenter une importante collection d'outils – l'horloger étant surnommé très justement « l'artisan aux mille outils » – et de nombreuses explications concernant le processus de fabrication. L'horlogerie étant présente depuis 1750 à Morteau, le musée y trouve logiquement sa place. Aujourd'hui, une usine d'aiguilles subsiste encore sur le territoire et Thierry Ducret, meilleur ouvrier de France en horlogerie, s'attache à faire perdurer ce savoir-faire en l'enseignant au lycée Edgar-Faure de Morteau.

Le long des sept salles d'exposition dispersées sur deux niveaux, différents modèles de montres et d'horloges sont présentés, des plus anciens systèmes de mesure du temps aux plus perfectionnés avec une salle dédiée aux fameuses horloges comtoises. On y trouve plusieurs modèles étonnants, voire uniques. On peut citer le plus petit mouvement d'horlogerie mécanique du monde, créé par la manufacture Jaeger-Lecoultre, une pièce minuscule pesant à peine un gramme, inscrite au *Livre des Records*. À l'inverse, et dans d'autres proportions, vous pouvez aussi admirer l'insolite horloge astronomique de 1855, construite par Séraphin Cart, un artisan horloger du Haut-Doubs. Elle fait 1 mètre 80 de hauteur et fonctionne encore parfaitement ! 7 contrepoids, 14 cadrans, 12 automates, une vraie curiosité à observer sous toutes ses coutures. Dans la dernière salle, attardez-vous sur plus de 250 montres fabriquées uniquement dans le Val de Morteau entre 1750 et les années 2000. Saurez-vous décider quel est votre modèle préféré ?

Une visite très instructive sur l'histoire de la mesure du temps, sur les traditions autour de l'horlogerie, ainsi que sur les métiers de nos ancêtres !

Adresse 17 rue de la Glapiney, 25500 Morteau, www.musee-horlogerie.com | **Accès** A36 sortie Valdahon, puis direction Morteau. Entrée au niveau du rond-point entre la rue Pasteur et la D437 | **Horaires d'ouverture** Du 1er mai au 30 septembre, tous les jours de 10 h à 12 h et de 14 h à 18 h, jours fériés compris. Du 1er octobre au 30 avril, du lundi au vendredi de 14 h à 18 h, sauf les jours fériés | **À savoir** Prévoyez votre pique-nique pour profiter du parc autour de la bâtisse du musée.

78 — Le château troglodyte
Une vue imprenable sur Nans et sa vallée

Saviez-vous qu'il existe un château troglodyte à Nans ? Pour le découvrir, empruntez les chemins de randonnée mêlés d'un GR et du sentier de découverte forestier de Nans. Une balade familiale de 3 heures qui mène à de jolies découvertes, dont ce château étonnant, enclavé dans la roche. La balade débute dans le village de Nans, dans le Doubs – à ne pas confondre avec Nans-sous-Sainte-Anne, également dans le Doubs, mais à 80 kilomètres de là. Un village charmant à parcourir avec plaisir en déambulant dans ses rues traversées par un ruisseau surplombé par de petits ponts privés. Vous pourrez y croiser aussi quelques belles fontaines et de très beaux corps de ferme. Pour admirer les beaux points de vue sur ce village bucolique, il faut grimper ! La montée, environ 200 mètres de dénivelé, se fait en une fois, un petit peu de sport pour ensuite profiter au mieux de la vue offerte par cette haute falaise en fer à cheval. Première surprise croisée sur le chemin, la gloriette, un lieu insolite et enchanteur qui offre une vue imprenable sur le château de Bournel, un château néo-gothique du XIXe siècle et son golf 18 trous. Idéal pour une petite pause goûter au milieu du chemin !

La suite de la balade vous fait sortir des bois de Neufchâtel pour longer les bords de la falaise et profiter des belvédères aménagés à quelque 450 mètres d'altitude. Le fameux château troglodyte, presque indétectable en premier lieu, est bien camouflé dans les roches de la falaise. Il servait d'abri aux habitants de Nans aux XVe et XVIIe siècles. Ouvrez l'œil, ces falaises sont fréquentées par des chauves-souris, de nombreux oiseaux ainsi que des chamois ! Terminez la boucle en rejoignant le sentier de découverte, qui, par de petites bornes ludiques, permet d'en savoir plus sur le site des Roches de Nans, classé espace naturel sensible du Doubs, et vous fait ensuite rejoindre le village de Nans. Cette promenade est encore plus agréable au début du printemps : le sommet des falaises se tapisse de fleurs colorées comme des jonquilles, qui rendent l'atmosphère très bucolique !

Adresse Départ sur le parking à l'entrée de Nans en venant de Cuse-et-Adrisans | **Accès** Prendre N 19 sortie 10 Villersexel, suivre D 9 puis D 50 jusqu'à Cuse-et-Adrisans et suivre ensuite la direction Nans | **À savoir** Nans est à 15 minutes de Villersexel, à visiter pour son superbe château et ses activités, par exemple le canoë, idéal pour toute la famille.

NANS-SOUS-SAINT-ANNE

79 Le musée de la Taillanderie

L'âme des artisans d'autrefois

La Franche-Comté est une terre d'artisans et d'ouvriers passionnés qui ont dévoué leur vie à leur métier. Ce passé peut être une nouvelle fois admiré au musée de la Taillanderie, dans le joli village de Nans-sous-Sainte-Anne. Située dans la reculée du Creux de la Doye, cette ferme-atelier vous dévoilera tous les secrets de fabrication des outils dédiés à la paysannerie.

La taillanderie de Nans-sous-Saint-Anne a fonctionné de 1828 à 1969. Une vingtaine d'ouvriers s'y affairaient pour produire toutes sortes d'outils taillants, comme des serpes, mais surtout des lames de faux, devenues leur signature car elles s'exportaient dans la France entière, en Suisse et jusqu'en Afrique du Nord. Un travail incroyable de conservation de plus de 50 ans permet aujourd'hui d'être totalement immergé dans cette activité lors des visites au cœur d'un musée privé, classé monument historique.

La visite se déroule comme si vous assistiez au processus complet de la fabrication d'une lame de faux. On peut voir les superbes roues à augets qui puisent leur énergie grâce à l'eau du ruisseau de l'Arcange, affluent du Lison. Ensuite, place aux différentes enclumes, machines qui permettent le martelage à froid, et enfin vient le clou du spectacle. Vos yeux vont s'écarquiller devant la magie des rouages et des engrenages qui font s'activer l'immense soufflet, unique au monde. Tout en bois, tel un automate, l'énorme machine va prendre vie à la seule force des bras du guide. On dirait presque de la magie ; tous les spectateurs en restent bouche bée. Enfin, une salle d'exposition de vieux outils est là pour clôturer la visite.

Le musée est un lieu unique, un bond dans le passé ; on ne peut qu'être admiratif du travail des hommes après une telle visite. Et en plus, cerise sur le gâteau, ce lieu unique est niché dans un cadre naturel qui vaut le détour.

Adresse Creux de la Doye, 25330 Nans-sous-Saint-Anne, museedelataillanderie.fr | **Accès** Prendre A36 direction Besançon puis N83 et N467 direction de Salins-les-Bains. Depuis Salins-les-Bains, prendre D492 direction Nans-sous-Sainte-Anne | **Horaires d'ouverture** Mars, pendant les vacances scolaires et les week-ends de 14 h à 17 h ; avril et octobre, tous les jours sauf le vendredi de 14 h à 17 h ; mai, tous les jours sauf le lundi de 10 h à 12 h et de 14 h à 18 h ; de juin à septembre, tous les jours de 10 h à 12 h et de 14 h à 18 h (horaires des visites guidées sur le site) | **À savoir** Arrêtez-vous quelques kilomètres plus loin pour admirer la source du Lison, une cascade majestueuse.

80_Sur les pas d'Isenbart
Une randonnée pour découvrir un peintre local

Avez-vous déjà entendu parler du peintre franc-comtois Émile Isenbart ? Nous ne le connaissions pas non plus avant de parcourir ce joli sentier d'interprétation situé à Noël-Cerneux. Émile Isenbart, né au XIXe siècle à Besançon, a passé beaucoup de temps dans la campagne du Doubs à peindre ses toiles, tout comme a pu le faire Gustave Courbet, l'autre peintre de la région (voir chap. 82). Alternant entre paysagisme et réalisme, Émile Isenbart représentait de façon fidèle la vie des montagnons d'autrefois, notamment ceux des villages du Bélieu, de La Bosse, de Noël-Cerneux et des tourbières des Belles Seignes.

Ce sentier d'interprétation, inauguré en 2014, démarre à l'église du village. Il propose deux parcours : un circuit de 9 kilomètres jusqu'au Bélieu, équivalant à 2 h 45 de marche ; un autre de 7 kilomètres, jusqu'à la tourbière, de 2 h 15. Ces deux circuits adaptés aux familles présentent un faible dénivelé (150 mètres maximum) et sont jalonnés de panneaux didactiques sur la vie du peintre. Nous choisissons celui allant vers la tourbière et nous nous mettons en route à la recherche des balises symbolisant la palette du peintre et les panneaux d'explication disséminés tout au long du chemin. Vous y découvrirez la vie d'Isenbart, fils d'un fabricant de meubles bisontin, et admirerez ses tableaux de paysages, placés devant les vues qui l'ont inspiré. Il est particulièrement intéressant de pouvoir comparer le tableau et la réalité d'aujourd'hui, surtout dans les villages, où les maisons ont bien changé.

Le long du chemin, un spot de pique-nique parfait a été aménagé, avec une grande table en bois abritée et un ingénieux système de barbecue ! Très sympa pour la pause repas en famille ou entre amis. La randonnée se termine dans le paysage des tourbières et de l'étang des Belles Seignes, petit coin faisant véritablement penser au Canada. Profitez-en et contemplez le paysage, comme le faisait Émile Isenbart lors de ses nombreuses escapades ici même.

Adresse Rue de l'Abbé-Saunier, 25500 Noël-Cerneux | **Accès** Prendre A36 sortie Besançon puis N57 et D461 | **À savoir** Faites un détour à Morteau pour faire le plein des fameuses saucisses !

81 Le château d'Oricourt
Une plongée dans le Moyen Âge

Au cœur du village d'Oricourt se trouve un site remarquable qui offre une véritable leçon d'histoire. Franchissez les grilles du château et plongez-vous au cœur du Moyen Âge. Afin de profiter au mieux des secrets du lieu, nous vous conseillons de faire une visite guidée avec Jean-Pierre Cornevaux, le propriétaire actuel des lieux, guide-conférencier passionné et passionnant – il a tant d'anecdotes à raconter qu'il vous sera difficile de toutes les retenir !

Le château date du XIIe siècle et est actuellement le plus vieux vestige de l'architecture militaire de la Franche-Comté. Il est composé d'une double enceinte fortifiée, d'une basse-cour pour les usages agricoles et d'une haute cour pour les seigneurs. Les paysans qui habitaient autour du domaine pouvaient se réfugier dans l'enceinte en cas d'attaque. Le pigeonnier est une pièce maîtresse du château : une immense charpente en bois franc-comtois soutient la structure. Dedans, vous pourrez voir encore de très nombreuses niches à pigeons en torchis du XVIIe siècle. À l'époque, il pouvait en accueillir jusqu'à 800 ! La fiente de pigeons était très prisée car elle servait d'engrais, elle faisait même partie de la dot de mariage ! À l'intérieur de l'enceinte fortifiée, vous pourrez admirer de belles pièces, dont celle au double four, assez rare dans les châteaux médiévaux.

La chapelle a été superbement restaurée. On visualise facilement, grâce aux explications de Jean-Pierre, quels événements pouvaient se dérouler dans l'immense pièce qui servait autant de cuisine que de lieu de banquet ou de salle de conseil militaire. Un peu plus loin, des bâtiments en cours de restauration où se trouvent de drôles de latrines – mais avec vue s'il vous plaît ! – peuvent être visités. Car le château a aussi une magnifique vue sur les plaines l'entourant ; l'ennemi devait se voir de loin. Faire le tour du bâtiment est également intéressant : on le découvre sous un tout autre angle. Nicolas Rolin, chancelier de Bourgogne et fondateur des célèbres hospices de Beaune, a fait partie des nombreux propriétaires du château.

Adresse 1 rue Nicolas-Rolin, 70110 Oricourt, oricourt.com | **Accès** Prendre la N19, sortie Lure. Depuis Lure, prendre D486 direction Villersexel, D123 direction Oricourt | **Horaires d'ouverture** De Pâques à la Toussaint le samedi, dimanche et jours fériés de 14 h à 18 h (en juillet, août et septembre du mercredi au dimanche de 14 h à 18 h) | **À savoir** Les villages alentour sont riches en petites fontaines – c'est même un des départements français où il y en a le plus !

ORNANS

82 — Les sentiers de Courbet
Dans l'œil du peintre

Le célèbre peintre Gustave Courbet est natif d'Ornans, une petite ville du Doubs. Surnommée « la petite Venise comtoise », on comprend rapidement comment cette beauté cachée a pu inspirer l'artiste à travers des paysages aussi sauvages que bucoliques, entre cascades et belvédères.

Fier d'avoir comme enfant du pays un si grand artiste, la ville d'Ornans a voulu lui rendre hommage en guidant les visiteurs sur ses pas afin de raconter son histoire et ses inspirations. Plusieurs parcours intitulés « Pays de Courbet, pays d'artiste » – avec un balisage jaune et bleu – sont proposés, soit au musée Courbet, soit à l'office de tourisme. En centre-ville, vous pourrez arpenter les plus symboliques : d'abord le parcours qui retrace sa vie en commençant par sa maison natale, la maison Hébert, pour ensuite se rendre au petit séminaire où il a étudié quelques années. Vous découvrirez ensuite la maison familiale dans le village de Flagey et vous visiterez ses ateliers. D'autres points d'intérêt jalonnent ce parcours.

Vous pouvez sinon, ou en complément, monter sur les hauteurs d'Ornans et découvrir les lieux d'inspiration du peintre, les paysages qui ont bercé son enfance et qui l'ont tant inspiré. On peut notamment admirer la fontaine aux Vipères et son magnifique lavoir ou encore monter à l'ancien château d'Ornans. Bien qu'il n'en reste que des ruines, on sent à travers les habitations alentour superbement restaurées l'ambiance qu'il pouvait y régner. Admirez ensuite les vues sur la ville et sur la Loue, notamment depuis la Roche des Pins ou le belvédère de la Roche du Mont.

Même si le paysage a changé avec l'arrivée d'industries et la construction de nombreuses habitations, il est très émouvant de marcher sur les traces d'un peintre si reconnu. Face aux superbes panoramas composés de vieilles pierres et de nature verdoyante qui s'offrent à vous, vous ne pourrez plus rester insensibles en regardant, plus tard, les tableaux du maître.

Adresse Musée Courbet, 1 place Robert-Fernier, 25290 Ornans, www.musee-courbet.fr | **Accès** Prendre N57 puis D492 direction Ornans | **Horaires d'ouverture** Du mercredi au lundi de 9 h à 12 h et de 14 h à 18 h | **À savoir** Pourquoi ne pas aller faire une balade à cheval ou à dos d'âne afin de découvrir Ornans différemment grâce au centre équestre Louecaval (1bis allée de la Tour-de-Peilz, 25290 Ornans) ?

PASSAVANT-LA-ROCHÈRE

83 La verrerie La Rochère
50 nuances de verre

Aux confins de la Haute-Saône, au pied des Vosges, se niche la plus ancienne verrerie de France encore en activité : La Rochère. Atelier installé depuis 1475 et désormais labellisé Entreprise du patrimoine vivant, cette entreprise séculaire a su, au fil des années, préserver son savoir-faire traditionnel de travail du verre tout en en innovant pour rester à la pointe des tendances dans les domaines des arts de la table ou de l'architecture. Vous pouvez d'ailleurs admirer une œuvre architecturale de la verrerie franc-comtoise au cœur de la station de métro parisienne Châtelet – Les Halles, qui a fait peau neuve en changeant ses traditionnels carreaux blancs pour des carreaux de verre – le rendu est impressionnant. C'est exactement ce qui fait le charme de cette verrerie : le savant mélange de production industrielle et de sauvegarde du travail à la main, qui permet une plus grande liberté de création. Qui ne s'est jamais émerveillé devant des verriers au travail ou devant de délicates créations originales ? Les ateliers de La Rochère se visitent, et on passerait volontiers des heures à regarder chaque artisan s'affairer à son poste, de la sortie du four du verre en fusion jusqu'à la révélation finale de la pièce. Une visite à renouveler en période de fêtes, notamment lors de la confection des boules de Noël !

La Rochère propose à ses visiteurs un magasin d'usine où vous retrouverez certaines de leurs pièces phares, comme les lampes champignon ou les verres décorés d'abeilles. Le magasin à lui seul vaut la visite, pour ses collections, mais aussi pour son architecture : son plafond de poutres en bois et ses grandes baies vitrées en font un lieu où la lumière est sublime. Poursuivez votre visite dans le jardin de la verrerie. Peu de visiteurs le savent, mais La Rochère a aménagé un très joli jardin japonais derrière ses bâtiments. Parsemé de bancs, le chemin bucolique se prête à une pause détente et nature. Leurs produits sont reconnus par les plus hautes instances, puisqu'une collection est désormais disponible dans la boutique de l'Élysée ! Une belle reconnaissance pour cette entreprise qui continue d'innover.

Adresse Rue de la Verrerie 70210 Passavant-la-Rochère, www.larochere.com | **Accès** Prendre A36 sortie Vesoul, suivre la N19 jusqu'à la sortie 17 Luxeuil, puis D64 et N67 sortie 36 Fougerolles. Suivre la direction Vauvillers puis Passavant | **Horaires d'ouverture** Visite : de juin à septembre de 10 h à 12 h et de 14 h à 17 h 30 ; octobre de 14 h à 16 h 30 et quelques événements pendant les fêtes. Magasin : d'avril à septembre de 10 h à 12 h et de 14 h 30 à 18 h ; octobre de 14 h à 17 h 30 | **À savoir** Mangez un bout au bord du lac aux Chalets du Lac à Passavant, juste un peu plus loin sur la même route.

PAYS-DE-CLERVAL

84_Le musée de la Cave de la ville haute
Un bond dans le passé du village

Face à la porte d'entrée, une vieille porte en bois au ras du trottoir sous une maison à colombages, vous vous demanderez ce que vous allez trouver derrière. Vous êtes loin de soupçonner ce qu'elle cache. N'ayez pas peur, poussez la porte et la magie va opérer !

À l'intérieur, les bénévoles de l'association Mémoire et Patrimoine du pays Clervalois ont fait un travail énorme en réhabilitant cette immense cave de 27 mètres datant du XVe siècle. Après avoir descendu quelques marches, vous apprécierez directement la fraîcheur qui en émane – en plein été, c'est très appréciable ! Plusieurs espaces se distinguent dans la cave, mais un seul fil conducteur : la vie d'antan de Pays-de-Clerval. Vous découvrirez tout d'abord la vie vigneronne : de vieilles bouteilles de vin, d'anciennes caisses, de vieux fûts de chêne, des étiquettes, c'est tout un trésor qui défilera sous vos yeux. La ville était également réputée pour son travail de fonderie comme vous le verrez un peu plus tard dans la visite. D'anciens outils sont là pour vous le rappeler. Plusieurs objets du quotidien sont également exposés, comme un moule à gaufrettes clervaloises, ou encore un moule à pain à sucre, car Pays-de-Clerval possédait sa sucrerie. Il s'y trouve même des objets datant de la préhistoire. Tout ce que l'on peut observer ici vient de dons des habitants, ravis de contribuer à cette préservation du patrimoine.

Mais le clou de la visite, là où vos yeux vont s'écarquiller, c'est au fond de la cave. Les bénévoles, collectionneurs invétérés, ont réussi à recréer une vraie épicerie d'antan d'un côté, et un bistrot de l'autre. On a tellement envie de commander un soda qui vient des belles bouteilles en verre derrière le comptoir, de s'asseoir à une table en formica et de voir ses bambins jouer à d'anciens jeux en bois, comme cet ancêtre du flipper ou ce billard japonais. Alors le temps s'arrête et vous vous imaginez, quelques décennies plus tôt, vivant à Clerval.

Adresse 1 rue de la Porte-à-Chaux, 25340 Pays-de-Clerval | **Accès** À l'entrée du village par la D683 depuis L'Isle-sur-le-Doubs, se garer sur le parking de la mairie et traverser la route en direction du musée qui fait l'angle de la rue de la Porte-à-Chaux | **Horaires d'ouverture** Le mercredi de 14 h à 18 h en juillet et en août | **À savoir** Se rendre au Musée de la mémoire et de la paix est important : il permet d'entretenir le travail de mémoire en l'honneur des soldats français tombés lors de la Première et Seconde Guerre mondiale.

PLANCHER-LES-MINES

85 La Planche des Belles Filles

Une station pour tous les sportifs !

La Planche des Belles Filles est l'une des montagnes les plus prisées par les familles. Facile d'accès, elle culmine à 1 148 mètres dans le massif des Vosges et se situe à la limite des départements de la Haute-Saône et du Territoire de Belfort, proposant des activités variées pour tous les âges, et ce toute l'année ! Mais d'abord, savez-vous que le nom de cet endroit n'est pas anodin ? En 1635, au cours de la guerre de Trente Ans, la région fut envahie par les Suédois. Les jeunes filles du village de Planche-les-Mines, ne voulant pas subir d'horribles sévices – les habitants ayant eu vent de récits sanglants au sujet des pillards –, ont préféré s'enfuir devant la horde des mercenaires. Au cours de leur fuite, elles se sont jetées dans un étang un peu plus bas et sont mortes, noyées. L'un des Suédois, tombé sous le charme d'une des jeunes filles, aurait gravé sur une planche « les Belles Filles » en leur hommage.

Aujourd'hui, la station est plus festive et propose différentes activités pour les sportifs de tous niveaux, aussi bien pour les expérimentés que pour ceux du dimanche. L'hiver, plus de 23 kilomètres de pistes de ski alpin ou de fond sont praticables, ainsi que des circuits de raquette et de luge. L'été, vous pourrez faire de l'accrobranche, du roll'herbe, qui consiste dévaler à toute allure les pistes sur une trottinette, mais aussi de nombreuses randonnées pédestres ou en VTT pour découvrir la faune et la flore de la vallée du Rahin. Et pour un petit peu de sensations, laissez-vous tenter par une descente en tubing, une glissade de 64 mètres dans une grosse bouée, seul ou à deux !

Le site est également connu pour accueillir le fameux Tour de France et offre aux grimpeurs le plaisir de se faire une montée à 8,5 % sur 5,9 kilomètres. Il est devenu un rendez-vous phare pour les amateurs de la Petite Reine, notamment pour admirer l'enfant du pays, Thibault Pinot.

Adresse 70290 Plancher-les-Mines | **Accès** Depuis Belfort, prendre la D5 en direction de Sermamagny, puis la D16 en direction de Plancher-les-Mines et suivre les indications de la station de la Planche des Belles Filles | **À savoir** Allez vous balader dans la forêt Saint-Antoine et admirez la cascade de la Goutte des Saules et la grotte de Saint-Antoine, où vivait en ermite un ancien moine reclus.

PONTARLIER

86 La route de l'Absinthe
Suivez les pas de la fée verte

Ah, l'absinthe ! Peut-être la boisson la plus sulfureuse au monde, celle qui a déchaîné le plus de passions. Saviez-vous qu'elle venait de chez nous ? Enfin, pour être plus précises, elle vient d'un petit bout de Suisse, Val-de-Travers, mais c'est Pontarlier qui lui a permis d'être connue et reconnue dans le monde entier. Un joli travail d'équipe franco-suisse !

Cette boisson, qui à l'origine avait des vertus médicinales, date du milieu du XVIIIe siècle et est un mélange de plusieurs plantes aromatiques dont la principale est l'absinthe. Aujourd'hui, vous avez la possibilité de partir sur les traces de ce patrimoine exceptionnel en prenant la route de l'absinthe. 48 kilomètres à faire à pied ou à vélo, en partant de Pontarlier pour aller jusqu'en Suisse (pensez à prendre votre carte d'identité). Ce n'est pas une boucle, mais vous aurez la possibilité de revenir par les transports en commun. Un balisage vous guidera. À travers champs, plaines, forêts, sentiers ou routes, vous saurez tout sur la boisson qui inspira les plus grands poètes, les peintres les plus talentueux. Ce sont plus de 20 sites que vous pourrez découvrir.

À La Cluse-et-Mijoux, vous découvrirez la distillerie Émile Pernot, une entreprise familiale depuis 1890, qui met en avant son amour pour l'absinthe à travers différentes recettes. À Pontarlier, c'est le musée de l'Absinthe qui vous rappellera les heures glorieuses de la boisson. Vous apprendrez qu'il y a eu jusqu'à 111 bistrots et cafés dans cette petite ville ! Et en Suisse, vous verrez à Boveresse le grand séchoir. Unique au monde, ce séchoir tout en bois date de 1893 et permettait de faire sécher toutes les plantes nécessaires à la confection de la boisson. À Môtiers, la Maison de l'absinthe relate 250 ans de la « fée verte ». Et l'attraction insolite, ce sont les fontaines naturelles en pleine forêt, comme la fontaine à Louis, des boîtes en bois où sont cachées des bouteilles d'absinthe avec des fontaines d'eau attenantes qui vous permettront de diluer à température parfaite votre boisson.

Adresse Départ de Pontarlier, direction La Cluse-et-Mijoux via la N57. Suivre le balisage de la route de l'Absinthe | **À savoir** Allez visiter le parc Jeanine-Dessay, ancien jardin du couvent des Bernardines de Pontarlier qui regroupe pas moins de 600 espèces de fleurs ; il y a aussi un parterre dédié à la recette de l'absinthe.

87 — Le chemin des savoir-faire

Tout le savoir-faire jurassien en se promenant

S'il y a un domaine pour lequel le Jura n'a pas à rougir, c'est son savoir-faire. Le Haut-Jura tout particulièrement est l'un des hauts lieux du tournage sur bois, un territoire pionnier dans le secteur des jouets en bois, mais il est également mondialement connu dans le domaine de l'horlogerie. Le département regorge d'artisans et d'artistes plus talentueux les uns que les autres, et c'est dans le petit village de Ravilloles qu'un lieu unique a été créé en leur honneur : un atelier associé à un sentier pas comme les autres, qui permet d'allier découverte du savoir-faire jurassien et amusement.

Durant 1 h 30 et sur 3 kilomètres, vous allez vous promener sur un sentier aménagé en suivant de drôles de balises : des mains en fer. Elles vous indiqueront le chemin à suivre et les routes à traverser. Tout au long de la promenade, ce n'est pas moins de six œuvres d'artisans et de designers locaux que vous découvrirez ; des créations uniques et insolites représentent le savoir-faire haut-jurassien. Qu'elles soient par terre ou dans les airs, elles ne vous laisseront pas indifférents et vous verrez ces métiers de l'artisanat d'un autre œil.

Le sentier vous mène à travers forêt, pâturages et même à la découverte d'un petit lac caché, celui de Cuttura, avec son barrage et sa roue du Lizon. Cette dernière est un véritable vestige du patrimoine jurassien. Elle alimentait en énergie une ancienne tournerie qui fabriquait des pipes en bois. Entièrement rénovée, elle est visible de l'extérieur mais aussi de l'intérieur de la tournerie, aujourd'hui transformée en restaurant. Le sentier peut être accompagné d'un carnet de balade à trouver soit à l'accueil de l'atelier, soit dans les offices de tourisme. Après votre boucle, arrêtez-vous à l'atelier et venez découvrir librement le showroom où sont exposés les différents artisans. Une boutique est également à disposition et vous pourrez, pourquoi pas, vous inscrire à des ateliers pour en apprendre un peu plus sur les techniques des artistes.

Adresse 1 Grande Rue, 39170 Ravilloles, www.atelierdessavoirfaire.fr | **Accès** A39 sortie Lons-le-Saunier puis D52 et D235 | **Horaires d'ouverture** Le sentier est en libre accès toute l'année | **À savoir** Allez visiter gratuitement (sur rendez-vous) la roue du Lizon et manger au restaurant, avec vue sur le lac de Cuttura.

ROSET-FLUANS

88 Les grottes d'Osselle
Les grottes aux nombreux records

Les grottes d'Osselle, dont le nom signifierait « cité d'or », accumulent les superlatifs et les méritent bien, tant elles sont surprenantes ! Découvertes au XIIIe siècle, elles figurent déjà parmi les premières grottes explorées à partir des années 1500, principalement par les bourgeois et les membres du clergé. Des personnalités qui n'ont pas fait que les visiter d'ailleurs, puisque 200 ans plus tard, en 1758, les galeries sont élargies et des banquets y sont organisés ! Plus tard encore, à la Révolution, les grottes accueilleront des prêtres réfractaires qui y prêchent sur un autel d'argile. Insolite on vous dit !

Aujourd'hui, il n'est plus question de bals dans les galeries, mais les visiteurs en prennent plein les yeux en traversant pas moins de 15 salles, à 110 mètres sous terre, présentant des richesses naturelles exceptionnelles par leurs formes et leurs couleurs. Et encore, n'est accessible à la visite que 1,3 kilomètre sur les plus de 8 kilomètres de galeries explorées ! Stalagmites, stalactites, mais aussi impressionnantes colonnes, drapés, petits lacs et rivière souterraine... vous ne saurez plus où donner le la tête. Mais ce n'est pas tout... Qui s'attendait à voir un joli pont de pierre enjamber une rivière souterraine au fond d'une grotte ? Construit en 1751 sur ordre de l'intendant de province, les pierres ont été transportées à dos d'homme sur le kilomètre qui sépare la rivière de l'entrée. La grotte est aussi un formidable témoin de l'existence d'un animal aujourd'hui disparu : l'ours des cavernes. Des fouilles paléontologiques, entamées par Georges Cuvier, ont révélé la présence d'une véritable nécropole d'ours préhistoriques, dont 15 squelettes ont déjà été extraits. On estime le nombre de squelettes enfouis ici à 3 000.

En plus de la visite de la grotte, découvrez, grâce au guide, une extraordinaire collection de pierres et minéraux. Les pierres exposées sont toutes naturelles, insolites et vous laisseront inévitablement quelques étoiles dans les yeux tant vous vous rendrez compte à quel point la nature est fascinante.

Adresse 42 route des Grottes, 25410 Roset-Fluans, grotte-osselle.fr | **Accès** Prendre A36 sortie Besançon/Gray, puis direction Saint-Vit et Osselle | **Horaires d'ouverture** Tous les jours, du 1er avril à la fin des vacances de la Toussaint | **À savoir** La grotte est située à 30 minutes du sentier karstique de Mérey-sous-Montrond (voir chap. 66). Pourquoi pas une journée sur le thème de la nature et de la géologie ?

89 L'Arrosoir
Le paradis des chantepleures

Une chantepleure, qu'est-ce que c'est ? Eh bien, c'est l'ancien nom des arrosoirs, car ils pleurent de l'eau. Poétique, non ? Ce drôle d'objet, entré maintenant dans la vie quotidienne des foyers, est la passion de Bruno Geyer, fleuriste de métier.

Mais il n'est pas un simple fleuriste. Alors oui, vous pouvez aller le voir pour acheter un beau bouquet, ou une nouvelle plante à mettre dans votre salon, mais aller chez Bruno, c'est la garantie de vivre une expérience hors du commun ! Car il reste un grand enfant qui garde en tête que donner, échanger, ça n'a pas de prix. C'est son credo, son dada, son mantra. Ce qu'il veut avant tout, c'est procurer de la joie, voir des sourires quand les gens passent devant chez lui ou poussent sa porte. Car vous rentrez dans sa maison, son univers. Plusieurs pièces et un étage vous en mettront plein la vue. Des plantes et fleurs bien sûr, mais aussi une multitude d'objets de décoration que Bruno a chinés au gré de ses pérégrinations, à vendre, ou simplement là pour le plaisir des yeux. Les différentes pièces ont chacune leur univers, leurs couleurs, leur ambiance qui changent, au fil des saisons ou des fêtes, comme à Pâques ou à Noël.

Ce qui frappe quand on arrive à Rougemont et qu'on se rapproche de chez Bruno, ce sont les arrosoirs. Il n'y en a pas un, dix, ou cent. C'est plus de 830 arrosoirs qui ornent la boutique, à l'intérieur comme à l'extérieur. Il y en a partout ! Vous ne saurez même plus où donner de la tête. Le trottoir devant la boutique en est rempli, les toits, les parterres de gazon au-dessus de la maison… C'est un véritable musée à ciel ouvert, fait de couleurs, de formes et de matériaux différents. Mais Bruno ne se contente pas de les mettre juste là, non, il en fait une vraie mise en scène, une histoire qui est racontée. Il aime aller chiner pour trouver de nouveaux arrosoirs, mais bien souvent, ce sont des cadeaux qu'il découvre devant sa porte ! Petits, gros, en métal ou colorés, vous en trouverez de toutes les sortes. Regardez dans votre maison s'il n'y a pas un arrosoir qui traîne et qui ferait le bonheur de Bruno !

Adresse 1 rue de Leval, 90110 Rougemont-le-Château | **Accès** Depuis Belfort, prendre la D83 direction Mulhouse, prendre la D25 direction Rougemont-le-Château puis dans le village, prendre à droite la rue de Leval | **À savoir** Allez manger au restaurant du golf de Rougemont, Sur le Green. Un très bon restaurant avec vue sur les parcours de golf.

SAINT-AMOUR

90 — Les prisons royales de Saint-Amour
Les geôles des contrebandiers

Contrairement à ce que son nom indique, la ville de Saint-Amour n'a pas une histoire romantique faite de petits cœurs et d'eau fraîche, comme en témoignent ses anciennes prisons royales. Juste à côté de l'église, le bâtiment superbement conservé a été rénové et il est ouvert à la visite depuis 2013.

Le territoire de Franche-Comté, idéalement placé entre Bresse et la Bourgogne, bénéficiait après son annexion par le roi de France d'avantages économiques et était propice à la contrebande de sel, de tabac et d'étoffes, entre autres. La prison a ainsi été construite en 1741 afin de lutter contre la contrebande, grâce à la Justice des Gabelles : les contrebandiers étaient jugés à l'étage et n'avaient qu'à redescendre au rez-de-chaussée pour purger leur peine – pour les peines les moins sévères du moins, car de nombreux hommes, voire des familles entières, furent exécutés pour l'exemple ou envoyés dans le Sud pour des peines de galère pouvant durer plusieurs années.

Plusieurs pièces intéressantes du bâtiment sont ouvertes à la visite : la salle de jugement, le logement et la cave du geôlier, les cachots et les cours… On découvre d'ailleurs que le geôlier n'était pas forcément bien loti ! S'il possédait son propre logement de taille confortable, il ne touchait qu'un maigre salaire et supportait les frais de nettoyage et de nourriture des prisonniers. De ce fait, il n'était pas rare qu'il amasse un petit pécule en proposant aux prisonniers des chambres plus « confortables » en échange de quelques pièces… Construite pour accueillir plus d'une centaine de prisonniers, la prison fut rarement pleine. Fermée en 1789, elle devint ensuite maison d'arrêt puis dépôt de sûreté. Les prisons royales furent définitivement fermées en 1862. Beaucoup plus tard, entre 1995 et 1999, le bâtiment a fait l'objet d'une rénovation : un important chantier a mobilisé des bénévoles de neuf pays différents !

Adresse 20 rue du Commerce, 39160 Saint-Amour, www.tourisme-paysdesaintamour.com |
Accès Prendre l'A39 sortie Cuiseaux puis D972 | **Horaires d'ouverture** Du 1er juillet au 31 août
du jeudi au dimanche de 14 h à 17 h 30 | **À savoir** Poursuivez votre visite de Saint-Amour avec
l'église ou encore la superbe apothicairerie.

SAINT-ANTOINE

91 Les caves à Comté du fort de Saint-Antoine

Quand un fort militaire se la joue affineur fromager

Drôle d'endroit pour trouver du fromage qu'un fort militaire datant de la guerre franco-prussienne. Pourtant, le fort Saint-Antoine n'affine pas moins de 100 000 meules de Comté, le fameux fromage emblématique de la Franche-Comté. Cet endroit a été découvert par hasard par Marcel Petite en 1966, qui repéra tout de suite le potentiel du lieu ; malgré la période de forte industrialisation, il souhaitait garder des techniques d'affinage lent, à basse température. Et quoi de mieux pour cela qu'un fort militaire où le taux d'humidité est toujours à 95 % et où la température oscille entre 7 et 9 degrés toute l'année ? Sa production actuelle est telle que si on mettait toutes les meules produites les unes au-dessus des autres, elles dépasseraient le sommet du mont Everest !

Lors de la visite du fort, on peut apercevoir plusieurs salles où des dizaines de milliers de meules sont en attente, classées selon leur âge. Il y a même une pièce surnommée « la maternelle » pour les toutes jeunes. Elles sont stockées ici sur de l'épicéa local. Des robots, dirigés par des ouvriers, s'activent tous les jours, jour et nuit, à retourner et à brosser les meules à la saumure. Il faut ensuite patienter au moins 10 mois avant que ceux qu'on appelle les caséologues (de caséine, la protéine du lait) ou, plus communément les trieurs-dégustateurs, prennent le relais. À l'aide de leur petit marteau, ils frappent les meules pour évaluer la qualité du fromage avant, bien sûr, de les goûter. Ce sont eux qui définissent quand une meule est prête.

La visite est impressionnante, on se sent tout petit face à ces « cathédrales de Comté », expression instillée par feu Jean-Pierre Coffe, journaliste gastronomique. Les visites guidées se font sur réservation à l'office de tourisme et se finissent toujours par une dégustation avec possibilité d'acheter votre morceau de Comté sur place. Une sortie aussi enrichissante que gourmande !

Adresse Fort de Saint-Antoine, 25370 Saint-Antoine, www.comte-petite.com | **Accès** Prendre la N57 direction Pontarlier/Métabief. Depuis Métabief, prendre D385 et la rue du fort et suivre les panneaux indiquant le fort | **Horaires d'ouverture** Du mardi au vendredi de 9 h à 12 h 30 et de 14 h à 19 h et le samedi de 8 h 30 à 19 h | **À savoir** Allez visiter, à La Cluse-et-Mijoux, au pied du château de Joux, la distillerie Émile Pernot et découvrez l'histoire de son absinthe.

SAINT-CLAUDE

92 — La ligne des hirondelles
Embarquez pour un voyage tout en hauteur

Prenez votre billet dans une gare SNCF ou auprès des offices de tourisme de Dole ou Saint-Claude, montez à bord de l'un des wagons panoramiques entièrement vitrés et appréciez la vue : vous venez d'embarquer sur l'une des plus belles lignes ferroviaires touristiques de France !

Cette ligne fut construite entre 1856 et 1912 pour éviter l'isolement des habitants du Haut-Jura. En attendant que le gouvernement accorde des financements pour un tel chantier, les hommes ont commencé les travaux eux-mêmes ; ce sont les habitants de Morez, en voyant tous les jours les ouvriers sur les viaducs qui lui ont trouvé son nom, les ouvriers leur faisaient penser à des hirondelles sur les lignes électriques. Aujourd'hui, c'est 120 kilomètres de ligne qui relient Dole à Saint-Claude pour 2 h 30 de voyage exceptionnel, tout en hauteur et en sensations. Car ce n'est pas moins de 36 tunnels que vous emprunterez, dont un en forme de fer à cheval, le tunnel des Frasses, ainsi que 18 viaducs, pour atteindre une altitude de 950 mètres. Tout au long du parcours, vous allez pouvoir admirer des paysages merveilleux tels que la vallée de la Bienne, les plateaux de Grandvaux, la forêt de Chaux – la deuxième plus grande forêt de feuillus de France –, les vignobles d'Arbois, des villes comme Morez ou encore les forges de Syam, et finir en beauté avec la saline royale d'Arc-et-Senans. Vous pouvez très bien faire le voyage d'une traite et admirer les paysages aussi beaux en été, tout verdoyants, qu'en hiver, tout de blanc vêtus. Mais vous pouvez également décider de faire des arrêts et de découvrir le patrimoine du Haut-Jura en visitant le musée de la Lunette à Morez, le musée archéologique de Champagnole ou admirer la saline royale d'Arc-et-Senans (voir chap. 6).

Et si vous voulez vivre l'expérience à fond, les offices de tourisme de Dole ou Saint-Claude proposent des voyages thématiques avec des visites guidées et des repas francs-comtois à prendre dans le train. Dépaysement garanti !

Adresse Office de tourisme de Saint-Claude : 1 avenue de Belfort, 39200 Saint-Claude, https://www.saint-claude-haut-jura.com/la-ligne-des-hirondelles.html | **Accès** Prendre A39 sortie Lons-le-Saunier/Sellières puis D54 et D470 | **À savoir** N'hésitez pas à vous arrêter durant le voyage pour découvrir l'histoire artisanale et industrielle de la région !

93 La pipe de Saint-Claude
Perle du Jura enclavée dans les montagnes

Nous nous souviendrons toujours de la première fois que nous sommes arrivées à Saint-Claude : la brume entourait le village comme un cocon duveteux. En découvrant la ville encaissée dans une impressionnante vallée, nous nous sommes retrouvées plongées dans l'univers à la Tolkien. En été, l'ambiance est différente, mais l'emplacement de cette ville, comme enlacée de montagnes, dont le fameux Pain de Sucre et le Crêt Pourri, impressionne toujours autant. On ne se lasse pas de contempler chaque point de vue qui nous est offert sur les ponts, notamment le grand pont de pierre, ou en montant un peu sur les hauteurs.

Saint-Claude est mondialement reconnue pour sa fabrication de pipes, qui a débuté au XIXe siècle, et possède aujourd'hui une superbe collection exposée dans un musée consacré à la pipe et aux pierres précieuses, riche en découvertes étonnantes. La commune abrite d'ailleurs une confrérie de maîtres pipiers, fondée en 1966, dont Michel Drucker et, en leur temps, Nino Ferrer et Jean Poiret, ont fait partie. En effet, la matière première ne manque pas pour l'artisanat de la tournerie dans cette ville enclavée dans la forêt. Autrefois consacré aux objets religieux, ce secteur s'est diversifié et, depuis la découverte du bois de bruyère, les artisans l'utilisent pour la fabrication des pipes. Dans les années 1880, c'est près de 7 000 personnes – hommes, femmes et enfants – qui travaillaient pour cette production ! La ville était aussi un acteur majeur dans la taille de diamant et de pierres précieuses, d'où le rapprochement du musée avec l'association des diamantaires du Haut-Jura.

Située au cœur du parc naturel régional du Haut-Jura, Saint-Claude profite d'une situation idéale pour découvrir les plus beaux endroits de la région : en été, elle est le point de départ idéal pour les circuits de randonnée. En hiver, elle est très bien placée pour accéder facilement aux pistes de ski. Mais commencez par une petite promenade au cœur de la ville !

Adresse 39200 Saint-Claude | **Accès** Prendre A39 sortie Lons-le-Saunier/Sellières puis D54 et D470. Saint-Claude est desservie par la ligne des hirondelles | **À savoir** À proximité, la curiosité géologique du Chapeau de Gendarme, les gorges de l'Abîme ou encore la jolie cascade de la Queue de Cheval sont à ne pas manquer.

SAINT-GERMAIN

94 La tourbière de la Grande Pile

Un écosystème unique en Haute-Saône

Classée réserve naturelle régionale depuis juillet 2016, la tourbière de la Grande Pile, située dans les bois de la commune de Saint-Germain, a bien des surprises à révéler. Bien que s'étendant sur 60 hectares, elle se cache au cœur de la forêt : il faut donc rouler un moment sur le chemin forestier avant de dénicher le panneau de départ du sentier. La tourbière s'étend sur quatre différents sites : la Petite et la Grande Pile, le bois de Question et l'étang des Monts-Reveaux. Le sentier de découverte traverse une partie de la Grande Pile sur environ 1,25 kilomètre. Il est important de rester sur les sentiers balisés de ce site protégé !

Quelle que soit la saison, la tourbière révèle des paysages fantastiques et une ambiance particulière : ici, la faune et la flore sont riches, baignées dans un silence omniprésent – un bonheur devenu rare qui surprend les visiteurs. Le sentier, tantôt en terre, tantôt en bois, contourne les marais où vous pourrez observer des grenouilles et plus d'une quarantaine d'espèces de libellules, dont une rare, facilement observable au printemps – la période de reproduction –, mais aussi des petites plantes carnivores comme des droséras ou des petits buissons de canneberge, habituellement habitués aux climats froids. Particularité de la tourbière de Saint-Germain : les bouleaux qui jalonnent le paysage et le contrastent avec leur tronc blanc. Difficile de s'en rendre compte à première vue, mais ici, c'est 130 000 ans d'histoire qui sommeillent sous vos pieds… ce qui fait de la tourbière de Saint-Germain une des plus intéressantes d'Europe pour les scientifiques, qui peuvent ainsi étudier l'évolution du climat et de la végétation à travers les âges.

La balade est bucolique et idéale à faire en famille. Petits et grands s'amusent à observer cet écosystème et à passer de ponton en ponton, à travers les marais, puis dans les bois et clairières. Attention, prévoyez de bonnes chaussures : les tourbières sont humides !

Adresse Réserve naturelle régionale de la tourbière de la Grande Pile, 70200 Saint-Germain | **Accès** Prendre la N19 sortie le Thillot, empruntez la rue des Écoles jusqu'au panneau présentant la tourbière | **À savoir** Une autre superbe tourbière se visite à Frasnes, dans le Doubs.

SAINT-LOUP-SUR-SEMOUSE

95 — Le Conservatoire de la cité du meuble

Des chaises par milliers

Saint-Loup-sur-Semouse est une petite ville de Haute-Saône avec une belle histoire industrielle. Elle doit d'ailleurs son nom de « cité du meuble » à l'entreprise Parisot qui y a installé son siège dès 1936, et aux Usines Réunies, entreprises de fabrication de chaises fusionnées. La ville est aussi le lieu de naissance d'Armand Petitjean, créateur des parfums Lancôme. Mais c'est bien le passé lié aux meubles qui nous intéresse.

Après un siècle d'activité, les Usines Réunies ferment leurs portes en 2013, et les bâtiments sont repris par la municipalité. Un véritable trésor se trouvait dans les greniers des bâtiments. En effet, près de 2 000 chaises ont été retrouvées, parfois même accrochées jusqu'au plafond ! Parmi elles, des pièces uniques, témoins du savoir-faire des entreprises œuvrant autrefois en ces lieux. A commencé alors un travail titanesque effectué par l'association Les Allées du conservatoire, pour nettoyer, répertorier et remettre en état ces chaises en bois. Le bâtiment, quant à lui, est progressivement rénové pour offrir un écrin unique à ces milliers de pièces.

Aujourd'hui, ce musée atypique est ouvert et expose des meubles uniques, insolites et remarquables, de différentes époques. Autre trésor du conservatoire, et pas des moindres : une caravane exceptionnelle d'Alexis Gruss de 1952. En triste état à cause de mauvaises conditions de stockage par le passé, elle est désormais abritée ici, dans l'attente d'un projet de rénovation. On devine encore le prestige de cette caravane considérée, à l'époque, comme la plus grande maison roulante de France (19 mètres de long !) Elle est entièrement meublée par les usines Parisot de Saint-Loup-sur-Semouse et décorée dans un style typiquement Art déco. Vous l'aurez compris, dans les anciens bâtiments des Usines Réunies, vous admirerez des pièces que vous ne verrez nulle part ailleurs ! Un lieu surprenant et résolument atypique.

Adresse 1 allée de la Manufacture, 70800 Saint-Loup-Sur-Semouse, www.saint-loup.eu | **Accès** Prendre N19 sortie Luxeuil-les-Bains, suivre la direction Luxeuil-les-Bains puis rejoindre la N57 et la suivre jusqu'à la 36 Saint-Loup-sur-Semouse | **À savoir** Si un petit creux vous guette, testez le restaurant Chez Gérôme et Vincent, au centre de Saint-Loup.

SALINS-LES-BAINS

96__La Scierie
Dormez dans une ancienne scierie

Un lieu extraordinaire vous attend à Salins-les-Bains. En entrant dans le parc de la maison d'hôte, vous êtes d'emblée impressionné par la bâtisse en pierre et en bois ; une ancienne scierie du XIXe siècle, abandonnée il y a près de 40 ans. D'abord à la recherche d'une maison pour leur famille, Marie et Matthieu Vassal ont eu un coup de foudre pour cette vieille ferme qu'ils ont rachetée en 2014. Le toit tombait, les pièces étaient jonchées de vieux bois et de matériaux ; tout était à refaire, mais le charme opérait déjà. Plus de trois ans de travaux, des milliers d'heures de dur labeur où toute la famille a participé, ainsi que l'aide d'artisans locaux ont été nécessaires pour construire un établissement incroyable, où se mêlent l'âme de la scierie et la modernité de ses propriétaires.

Les volumes sont impressionnants, mis en valeur par des baies vitrées immenses – pour avoir toujours une vue sur le parc –, des matériaux nobles et des éléments originaux comme ces poutres d'époque ou ces pièces de bois réutilisées par Matthieu en meubles de salle de bains – le subtil mélange entre l'ancien et le nouveau, voilà ce qui frappe dans cette demeure atypique. Le charme du bois fusionne avec une touche industrielle et mécanique apportée par des rouages ou des pièces de machinerie. L'établissement est composé de cinq chambres avec chacune une salle de bains dans lesquelles d'autres pièces de la scierie sont utilisées. Les chambres sont spacieuses, chaleureuses. Deux d'entre elles sont en duplex, parfaites pour les familles.

L'immense pièce à vivre, baignée de lumière, est idéale pour prendre le petit-déjeuner et les repas, ou juste pour se détendre dans un des fauteuils à bascule. Et pour parfaire ce moment, vous trouverez aussi un espace bien-être avec sauna, jacuzzi et massages. Les repas sont assurés soit par Marie, soit, pour les arrivées tardives, en bocaux préparés par des restaurateurs locaux. Promenez-vous dans le parc, au bord de son étang – le temps est comme suspendu.

Adresse 10 hameau de Blegny, 39110 Salins-les-Bains | **Accès** Prendre A36 direction Besançon puis N83 et N467 direction de Salins-les-Bains, et D345 direction Blegny | **À savoir** Allez jusqu'à Montigny-lès-Arsures déguster les vins du domaine Jean-Louis Tissot.

97 _ Le Téméraire

Une spécialité courageuse ?

Si vous vous arrêtez dans toutes les bonnes pâtisseries de la ville de Salins-les-Bains, vous trouverez en vitrine le gâteau le Téméraire, également nommé le Salinois. C'est la spécialité de la ville, dont les habitants sont très fiers.

Selon la légende, le nom de ce gâteau vient du passage de Charles le Téméraire dans la ville en 1476, à la suite d'une bataille perdue en Suisse. Un gâteau avait été confectionné pour l'occasion et le duc de Bourgogne avait adoré son goût. Mais on raconte aussi qu'une sorcière de la ville lui aurait donné un philtre pour qu'il retrouve ses forces après cette défaite. Depuis, le gâteau est surnommé « le Téméraire » en hommage à ce grand guerrier.

Le Téméraire fait partie de la vie des habitants de Salins-les-Bains ; certains le dégustent même à la place de la galette des Rois pour l'Épiphanie. Le gâteau se présente sous forme cylindrique, soit pour six personnes soit en part individuelle. Pour tous les gourmands, voici la recette à réaliser chez vous pour profiter du Téméraire sans se déplacer : il vous faut tout d'abord une pâte brisée. Pour cela, mélangez 300 grammes de farine, 1 œuf, 125 grammes de sucre, 1 pincée de sel, 1 zeste de citron, 150 grammes de beurre, 150 grammes de noisettes hachées et 1 centilitre d'huile de pépins de raisins. La garniture est aussi assez simple : coupez quatre pommes en tout petit morceau. Faites ensuite flamber une poignée de raisins secs au marc du Jura avant d'ajouter le zeste de citron. Joignez les pommes à la préparation et mélangez le tout. Dans un moule à tarte, abaissez la pâte, garnissez-la de la préparation et recouvrez-la de pâte. Dorez au jaune d'œuf et enfournez au four à 180 °C pendant 30 minutes. Vous pourrez la déguster froide, ou tiède, avec un thé ou un marc du Jura comme les anciens. Son goût est étonnant ! Bien qu'assez simple, la recette se fait rarement maison ; les habitants préfèrent l'acheter en boutique, au contraire du gâteau de ménage, une autre spécialité franc-comtoise ! Alors, avez-vous envie de goûter à votre tour ?

Adresse Pâtisserie Jacoulot, 46 rue de la République, 39110 Salins-les-Bains | **Accès** Prendre A36 direction Besançon puis N83 et N467 direction Salins-les-Bains | **À savoir** Et si justement vous alliez prendre du temps pour vous aux thermes Salina de la ville, où des soins de détente pourront vous être prodigués (www.thermes-salins.com/fr) ?

98 Le puits de la Brême
Curiosité karstique du Doubs

Dans le Doubs, les curiosités naturelles ne manquent pas, notamment grâce à la particularité de son sol, majoritairement karstique. Le karst est le résultat de de l'érosion de roches solubles comme les calcaires, d'où l'importante quantité de gouffres, de résurgences, de lapiaz… Un bel exemple de ces paysages peut s'observer au sentier karstique de Mérey-sous-Montrond (voir chap. 66), un lieu fantastique qui émerveille petits et grands, mais il en existe également un à proximité d'Ornans, sur le site du puits de la Brême et du ravin du Puits noir. Ces deux sites naturels remarquables sont liés par une boucle de randonnée pédestre vous permettant de mieux découvrir les hauts lieux d'inspiration du peintre local Gustave Courbet – d'autres sites de prédilection du peintre sont à découvrir via les sentiers de Courbet (voir chap. 82). La randonnée est une vraie parenthèse de nature, surtout lorsque vous longez la rivière dans le gouffre : un joli coin à ail des ours, notamment !

Le puits de la Brême est également accessible en moins de 15 minutes de marche depuis le parking au bord de la route D67 entre Ornans et Besançon, par un petit chemin escarpé qui descend jusqu'à la rivière, puis via ce chemin insolite composé de rondins de pierre qui vous fait traverser le cours d'eau, comme sur des pas japonais suspendus. Un lieu aussi reposant que poétique ! Le puits est juste là, protégé par des garde-corps. L'endroit est différent à chaque saison : le niveau d'eau, ses reflets turquoise et les couleurs de son écrin de verdure varient suivant la période de l'année. En période de sécheresse, le puits absorbe l'eau environnante alors qu'en période de crue, c'est lui qui alimente la rivière : ce phénomène, appelé inversac, est rare dans le Doubs ! Son eau couleur émeraude couvre une immense cheminée noyée de près de 35 mètres, il faudra donc être prudents avec les jeunes enfants ! Le site n'a été exploré que tardivement, en 1967, par les plongeurs, et en plusieurs étapes. En effet, au fond, les eaux troubles, la faible température et des éboulements importants ont rendu sa visite difficile.

Adresse Puit de la Brême, 25290 Scey-Maisières | **Accès** Prendre A36 sortie Besançon-Centre puis D67 direction Chemin des Avaux. Se garer au parking situé avant le pont sur la Brême, le sentier descend à gauche de la route | **À savoir** Si vous appréciez ce genre de curiosités géologiques, n'hésitez pas à aller faire un tour à la source du Planey (voir chap. 2) en Haute-Saône.

SCEY-SUR-SAÔNE

99 La ferme des Boulingrins
Château, roulotte et wallabies

À Scey-sur-Saône, petit village franc-comtois proclamé capitale de des rillettes, se trouve un très beau château, ancienne propriété de la famille des Beaufremont, au sein d'un immense parc de 120 hectares qui mérite le détour.

En effet, Sophie y a installé une multitude d'activités pour les familles et les passionnés. Monitrice d'équitation diplômée, elle y a d'abord fondé un poney-club, puis a diversifié l'offre avec une mini-ferme. Chèvres, paons, ânes côtoient les moins habituels wallabies, qui émerveilleront petits et grand – nous avons eu un coup de cœur pour les deux plus vieux poneys du parc, ainsi que pour le majestueux paon blanc qui se balade en liberté.

La visite ne s'arrête pas à la ferme, puisque des sentiers parcourent tout le domaine, parfaits pour une belle promenade en famille au cours de laquelle il est possible d'apercevoir des poneys et des daims en liberté, avec un peu de chance. Des spots à pique-nique et barbecue sont à disposition pour un repas en pleine nature. Et, puisque les poneys sont rois ici, pourquoi ne pas en louer un pour faire découvrir les joies de la balade à cheval à vos enfants ? Les amateurs de pêche ne seront pas en reste puisque la propriété compte deux étangs. Voilà de quoi contenter toute la famille !

Si l'aventure vous plaît, il est possible de la prolonger jusqu'au soir, et même pendant la nuit. En effet, Sophie propose la location de plusieurs types d'hébergement : des tipis pour une nuit au plus proche de la nature, une roulotte pour une nuit insolite et cosy, et des gîtes installés dans l'une des ailes du château des ducs de Beaufremont, pour un séjour chaleureux dans un site classé !

Le pavillon de chasse, sa cheminée et sa grande table de bois accueillent les groupes et les mariages. Le domaine du parc aux daims est le lieu familial par excellence, où il est possible de passer toute une journée sans s'ennuyer, pour les petits comme pour les plus grands.

Adresse Château de Scey-sur-Saône, route de Saint-Albin, 70360 Scey-sur-Saône-et-Saint-Albin, roulotte-parc-daims.wixsite.com | **Accès** Prendre N19 et tourner direction Scey-sur-Saône entre Port-sur-Saône et Combeaufontaine | **À savoir** Visitez le centre-ville de Scey et ses jolies maisons en pierre.

SERVANCE-MIELLIN

100 Le Saut de l'Ognon
La cascade à l'étrange forme…

Au cœur de la Haute-Saône, caché dans le ballon de Servance, se trouve un lieu étrange qu'ont formé les glaciers à l'ère quaternaire : le Saut de l'Ognon. Pour ceux qui ne la connaissent pas encore, l'Ognon est une charmante rivière de montagne qui prend sa source à Château-Lambert et qui se jette dans la Saône.

Arrivée à Servance, à 904 mètres d'altitude, la rivière rejoint une gorge étroite où a été construit un barrage qui alimentait une graniterie par un canal d'amenée d'eau creusé à même la roche. Il a été bâti en pierre et, lorsque le courant de la cascade est faible, on peut apercevoir un bout de l'aqueduc. De la gorge, passant par-dessus le barrage, coule le Saut de l'Ognon, cascade de 13 mètres avec une forme unique en V, volumineuse et impressionnante, surtout après la fonte des neiges. Des barrières en bois vous permettront de vous pencher en toute sécurité et d'admirer la cascade à différentes hauteurs et donc de plusieurs points de vue. Et si vous avez l'âme aventureuse, vous pouvez descendre sur un petit sentier non protégé pour aller tremper vos pieds dans l'eau.

Avant d'arriver à la cascade, vous emprunterez un chemin arboré aménagé de 400 mètres où six panneaux vous informeront sur les spécificités de la région, comme son passé glaciaire – on apprend que les calottes glaciaires ont laissé place à de nombreuses tourbières ou lacs –, sur la faune et la flore environnante – la rivière peut être l'habitat naturel du chabot, un poisson solitaire nocturne –, mais vous donneront aussi des notions de géologie en vous montrant du granit des Ballons. Et surtout, vous apprendrez que le Saut de l'Ognon est aussi source de légende.

On raconte qu'au XIVe siècle, un seigneur perdit sa fille qui s'était noyée dans un lac de la vallée de Servance. Il fit alors creuser une brèche pour vider le lac afin de retrouver le corps de sa progéniture – brèche qui deviendra le Saut de l'Ognon. Plein de charme, c'est un endroit secret, caché, mystérieux mais toujours fascinant !

Adresse 70440 Servance-Miellin | **Accès** Prendre A36 sortie Lure/Baume-les-Dames puis D486 | **À savoir** Si la météo le permet, n'hésitez pas à aller faire du canoë sur l'Ognon ; plusieurs bases de loisirs font de la location. Un super moment entre amis ou en famille et en toute sécurité.

THOIRIA

101 La Fruitière 1900
Apprendre à fabriquer un Comté à l'ancienne

La Fruitière 1900, un endroit unique, perdu au fin fond du Jura, qui vous ramènera au temps passé, quand on fabriquait le comté dans des cuves en fonte sur un feu de bois. C'est Sylvain, fromager de son état, qui a décidé de reprendre et de faire perdurer cette fromagerie à l'ancienne, il y a quelques années. Sa passion du fromage, il la met au profit des dizaines de personnes qu'il accueille chaque jour dans sa ferme pour apprendre, voir et déguster ce fromage unique, emblème de notre région.

Tous les jours, dès 9 heures du matin, vous pouvez prendre place sur des bancs en bois, vous imprégner de l'ambiance de la ferme plus que traditionnelle, avec son sol en terre battue et ses murs en pierre, et regarder le maître faire. En toute simplicité et avec beaucoup d'humour, Sylvain explique ce qu'est le Comté, ce qui le définit par rapport aux autres fromages, son AOC (Appellation d'Origine Contrôlée), le cahier des charges d'un fromager jurassien… Aucune information n'est cachée, il transmet sa passion en totale transparence et répond à toutes les questions. La démonstration continue avec une réalisation en temps réel des différentes étapes de la fabrication d'une meule de Comté au feu de bois dans une cuve en fonte ; l'ajout des pressures, des ferments lactiques… Toutes les indications sont riches et passionnantes – une chose est sûre, vous n'achèterez plus de Comté de la même manière après cette visite.

D'ailleurs, entre l'étape du décaillage et celle de la mise sous presse, une pause s'impose et vous pourrez descendre à la cave déguster et acheter ses fromages, mais aussi des salaisons et d'autres produits locaux. Ensuite, vous assisterez à l'étape assez impressionnante de la presse, où l'on voit vraiment la transformation du fromage encore sous forme presque liquide. Et c'est parti pour l'affinage en cave entre 4 et 24 mois – le Comté, ça se mérite ! Après cette visite qui met l'eau à la bouche des gourmands, le fromage phare de la région n'aura plus de secret pour vous.

Adresse 25 Grande Rue, 39130 Thoiria | **Accès** Prendre D27 direction Clairvaux-les-Lacs, prendre à gauche sur la D149 et continuer dans Thoiria | **Horaires d'ouverture** Pendant les vacances d'été de 9 h à 12 h (pour la fabrication du Comté) et de 14 h 30 à 19 h (visite atelier, vidéos, fabrication de beurre). Tous les vendredis pendant les vacances scolaires | **À savoir** Rendez-vous jusqu'à Clairvaux-les-Lacs pour vous promener au bord des deux lacs et profiter des activités, autant l'été que l'hiver.

VAIRE-ARCIER

102 — Les sources d'Arcier
Une balade, 3 sources !

À une dizaine de kilomètres de Besançon, le site des sources d'Arcier est à la fois un lieu historique et un espace naturel remarquable à découvrir lors d'une balade familiale. Depuis le parking situé sur les hauteurs du petit hameau d'Arcier, il ne faut qu'une trentaine de minutes de marche pour découvrir trois sources différentes au charme indéniable. Elles sont situées sur les circuits de quatre boucles pour ceux qui souhaiteraient prolonger la promenade : de 1,7 à presque 13 kilomètres, le panneau à l'entrée du site offre des options pour tous les niveaux.

Après 200 mètres de marche, vous arriverez à la source du Martinet, superbe après une légère averse, que vous enjamberez grâce à un pont de pierre. Le chemin passe ensuite derrière des propriétés privées cachées par des brise-vues. Sur cette partie du sentier, nous vous recommandons de profiter de la tranquillité des lieux et de les respecter. Au bout du chemin, vous arriverez au clou du spectacle, bercé par le bruit de l'eau furieuse quand la saison s'y prête. Ce sont les sources du Martinet et d'Arcier, juste à côté d'une superbe propriété privée que vous pourrez contempler derrière le portail. Ici, l'eau coule à flots sous des arches et des ponts, passe par des canaux, au-dessus, en dessous, c'est magnifique !

C'est dans les années 1830 que la ville de Besançon est propriétaire des sources et s'en est servie pour accompagner le développement démographique de la ville. À l'aide d'un aqueduc donc les vestiges sont encore visibles en contrebas, entre le village d'Arcier et la Canaie. C'est près de la moitié de la ville qui est alimentée en eau potable grâce à ces sources karstiques, qui sont depuis 1912 un site classé du Doubs, parmi quarante-six autres pépites historiques, naturelles, artistiques et pittoresques.

Le site, facilement praticable, est néanmoins humide : équipez-vous bien, notamment si vous poursuivez le chemin après les sources, qui est parfois abrupt et peut s'avérer très glissant.

Adresse Lieu-dit Arcier, Rue des Sources, 25220 Vaire-Arcier | **Accès** Prendre A36 sortie 4.1 Besançon-Palente, traverser le village de Thise puis suivre les indications Sources d'Arcier | **À savoir** De jolis spots pique-nique et balade le long du Doubs se trouvent à proximité : n'oubliez pas d'emporter votre casse-croûte !

VALENTIGNEY

103 La maison de Juliette
Le charme de l'héritage des Japy

Valentigney n'est pas forcément la destination phare pour des vacances en Franche-Comté. C'est aussi ce que nous pensions avant de passer une nuit dans la très jolie maison de Juliette. Une magnifique arche de verdure vous accueille et, une fois le portail passé, vous n'avez plus du tout l'impression d'être proche de la ville. Le charme opère avant même d'entrer dans la bâtisse : observez cette belle maison de maître et son parc arboré, mais aussi et surtout sa véranda, peinte d'un beau bleu ciel, rénovée avec goût dans le style d'antan : coup de cœur assuré !

Françoise Japy et son mari, les propriétaires, racontent volontiers son histoire amusante : jolie coïncidence, la maison de Juliette, baptisée ainsi en l'honneur de leur fille, a autrefois appartenu à… Juliette Japy. La famille Japy est bien connue dans cette partie de la Franche-Comté, car il s'agit d'une grande famille d'industriels originaires de Beaucourt, riches et influents. Ils ont profondément marqué l'économie du territoire au XIXe siècle dans le secteur de l'horlogerie et des machines à écrire. En 1880, près de 5 000 ouvriers travaillaient pour les usines de la famille.

Cette bâtisse début 1900 était la plus grande du quartier à l'époque – assez facile à imaginer au vu de ses dimensions. Vous prendrez forcément plaisir à l'admirer depuis les divers points détente installés dans le grand jardin, dans lequel certains arbres ont plus de 200 ans. Dans la maison se trouve une superbe suite parentale, qui invite à la déconnexion. Tout y est décoré pour que vous vous y sentiez comme dans un cocon doux, avec des couleurs sobres et du moderne savamment mêlé au charme de l'ancien. L'ancien atelier accueille deux chambres séparées par une cuisine commune, idéales pour les familles et les couples d'amis cherchant à passer un week-end au calme. Notre moment préféré ? Le petit-déjeuner dans le salon ou sous la véranda, baignée de la belle lumière matinale avec une musique en fond : parfait !

Adresse 8 rue des Combes-Saint-Germain, 25700 Valentigney, lamaisondejuliette.pagesperso-orange.fr | **Accès** Prendre A36 sortie 9 Audincourt, traverser Exincourt, Audincourt, puis Valentigney | **À savoir** La maison ne propose pas de table d'hôte, mais nous vous conseillons une très bonne adresse à Montbéliard : le restaurant Cass'Graine.

VANDONCOURT

104 La damassine
Apprendre la vie de la nature à tout âge

La damassine est une variété de petites prunes qui serait originaire de Damas ; elle aurait donc voyagé jusqu'à devenir le symbole des vergers jurassiens suisses. Mais dans le pays de Montbéliard, la damassine a une tout autre signification. C'est à Vandoncourt, le dernier village du Doubs avant la Suisse, que se trouve un drôle de bâtiment tout de bois vêtu qui porte ce nom. D'ailleurs, les habitants de Vandoncourt sont appelés les Damas !

Cette construction est faite en bois et en isolant de paille dans une démarche de préservation de l'environnement. Valorisation des eaux pluviales, renouvellement des énergies par panneaux solaires… La damassine se veut avant tout une maison de la nature, ouverte à tous et gratuite, pour que chacun puisse venir apprendre, créer et repartir avec de nouvelles connaissances. C'est pour cela qu'elle a plusieurs vocations. Principalement ludique, elle propose un espace dédié aux énergies et à la sensibilisation à l'environnement sous forme de muséographie, d'expositions temporaires et permanentes, d'ateliers, de conférences, d'animations et de jeux. Vous y trouverez notamment de la lombriculture et des hôtels à insectes. Par ailleurs, elle met en avant la préservation du patrimoine local et la valorisation des arbres fruitiers, notamment des jardins potagers avec l'association Vergers vivants. Elle mise aussi énormément sur le partage des savoirs en proposant des ateliers de miellerie et des pressoirs à noix ou à pommes, où vous pouvez apporter vos pommes et repartir avec du jus fraîchement pressé.

La damassine est un lieu fédérateur où d'autres lieux culturels viennent proposer des événements comme des concerts ou marché de producteurs, et comprend aussi une boutique de produits locaux et un bar où vous pourrez consommer des boissons locales et des gâteaux faits maison. Petits ou grands, vous trouverez forcément quelque chose à apprendre ou à ramener chez vous – et quand c'est issu de l'agriculture naturelle et locale, quoi de mieux ?

Adresse 23 rue des Aiges, 25230 Vandoncourt, www.vergers-vivants.fr | **Accès** Prendre A36 sortie 9 direction Audincourt, traverser Dasles et enfin Vandoncourt | **Horaires d'ouverture** Du mardi au dimanche de 14 h à 18 h | **À savoir** Le pont Sarrazin, curiosité naturelle, est un pont de pierre au milieu de la forêt entouré de légendes.

VANDONCOURT

105 — Le pont Sarrazin
L'arche mystérieuse au temps des Sarrasins

Ce pont ne laisse personne indifférent et c'est bien normal, car il ne ressemble à aucun autre. À vrai dire, il s'agit plutôt d'une arche. Une arche calcaire, karstique, qui s'est formée de manière naturelle, notamment à cause de l'érosion et de l'effondrement d'une rivière souterraine, aujourd'hui disparue. Culminant à plus de 10 mètres au fond de sa vallée, niché au cœur de la reculée, il est majestueux. Il est possible de se placer juste en dessous et se sentir tout petit pour ensuite monter par un chemin sur la droite et atterrir ainsi sur le dessus de l'arche. Et c'est tout aussi impressionnant !

Mais si l'on connaît les raisons géologiques à la forme de ce pont, les habitants de Vandoncourt ont quant à eux une autre explication. En effet, une légende circule depuis toujours… ou plutôt, depuis le VIIIe siècle, au moment de l'invasion de la Franche-Comté par les Sarrasins. Une jeune fille du village, Alima, fut enlevée par l'un des cavaliers qui l'emporta en direction de la forêt pour la réduire en esclavage. Consciente du sort funeste qui l'attendait, la jeune fille prit une terrible décision : reconnaissant les falaises devant elle, elle préféra se jeter dans le vide plutôt que de subir ce que le destin lui réservait. Mais au moment de passer à l'acte, un phénomène inexplicable eut lieu. Une arche surgit de nulle part, comme par magie, et fit s'envoler le cheval, le cavalier et Alima. Le Sarrasin passa par-dessus l'arche et se tua au fin fond du gouffre alors que la jeune fille atterrit sur un parterre de mousse, se relevant indemne. Elle devint une héroïne au sein de son village.

Le pont fait partie d'une belle balade à faire en famille, passant par de petits chemins à travers une charmante forêt pour arriver ensuite à un belvédère avec une table d'orientation surplombant tout le village de Vandoncourt – le panorama est impressionnant car il permet d'apercevoir toute la région jusqu'aux Vosges.

La Franche-Comté est une terre de légendes, et le pont Sarrazin en est la preuve !

Adresse Rue du Pont-Sarrazin, 25230 Vandoncourt | **Accès** Prendre A36 sortie 9 direction Audincourt, traverser Dasles et enfin Vandoncourt | **À savoir** Allez découvrir Audincourt, petite ville à quelques kilomètres de là, et notamment l'église de l'Immaculée-Conception, à l'architecture étonnante.

VELLEFAUX

106 La chapelle Sainte-Anne
La Vierge emprisonnée dans l'église

Il suffit parfois d'une légende pour qu'un petit village soit mis en avant. C'est le cas avec Vellefaux, adorable village haut-saônois. Quelques pépites doivent être visitées, comme l'ancienne commanderie des templiers, ainsi que les vestiges du château féodal. L'église du village date du XVIIIe siècle : elle fut reconstruite après un incendie allumé au XVIIe siècle par des guerriers suédois et qui avait ravagé la totalité des habitations.

C'est au même moment que la chapelle Sainte-Anne fut construite. Une légende explique la construction de cet édifice : l'histoire raconte qu'une statue de la Vierge Marie fut trouvée dans un buisson par un paysan. Il la ramena à l'église de Vellefaux où était sa place, mais le lendemain matin, elle était retournée dans son buisson ! Les habitants du village décidèrent d'ériger une chapelle pour l'empêcher de s'enfuir de nouveau. La fameuse Vierge fugueuse est toujours exposée à l'intérieur du bâtiment ; un pèlerinage a lieu tous les ans, le 26 juillet, jour de la Sainte-Anne.

La colline de Sainte-Anne a quelque chose de très paisible, tout en haut d'une trouée au milieu des sapins environnants. L'ermitage en pierres foncées, ancré dans un jardin clôturé par un muret et dominé par un gros châtaignier fait penser aux maisons bretonnes. En face de la chapelle se dresse une allée d'arbres parfaitement symétrique qui vous appelle et vous amène à une statue de sainte Anne et de la Vierge. Tout autour, vous aurez un magnifique panorama sur les vallées de l'Ognon et du Doubs et, si vous avez de la chance, par un temps clair et ensoleillé, vous pourrez apercevoir la chaîne du Mont-Blanc. L'endroit est si calme et paisible, baigné de nature, qu'il devient un endroit parfait pour pique-niquer et faire une sieste au milieu de la campagne haute-Saônoise.

Un circuit de randonnée de 8 kilomètres partant du village de Vallerois-Lorioz vous emmènera à travers village et forêt jusqu'à la chapelle Sainte-Anne et ses jolis points de vue.

Adresse Chapelle Sainte-Anne, 70000 Vellefaux | **Accès** Prendre N57 puis D108 jusqu'à Vellefaux et suivre les indications pour rejoindre la chapelle | **À savoir** Allez visiter le château de Fondremand, construit au milieu d'un très joli village haut-saônois.

107 — L'eau de source de Velleminfroy

L'eau vertueuse que le monde entier s'arrache

Une simple trouvaille peut totalement changer le visage d'une région. En 1828, la découverte fortuite de la source d'eau de Velleminfroy a transformé le quotidien de milliers de personnes. Trente ans après, elle était déclarée par l'Académie impériale de médecine comme « eau minérale naturelle » et ses bienfaits furent prouvés après avoir été testés par moult scientifiques.

Aujourd'hui appelée « eau vertueuse », elle possède des propriétés uniques : elle est sans conteste une eau pure puisqu'elle ne contient aucun nitrate, aucun pesticide et aucune trace de médicaments ; l'eau est vérifiée par des audits de qualité plusieurs fois par mois. Dans ses propriétés, on retrouve une richesse en magnésium, en calcium, un pH parfaitement neutre et très peu de sodium. Sur place, vous pourrez visiter l'usine et le showroom où toute la gamme des bouteilles est exposée dans un univers au design moderne et minimaliste.

Un peu plus loin dans le village se trouve la fameuse source, protégée par un joli bâtiment rappelant les anciennes cures. Vous y trouverez aussi un restaurant qui fait de très bonnes fritures dans un vrai havre de nature, et vous pourrez visiter le musée consacré à l'eau de Velleminfroy, où de vieilles machines servant à l'embouteillage sont présentées au public, ainsi que les archives des travaux montrant l'étendue du chantier, des publicités anciennes et différentes étiquettes qui ont orné les bouteilles au fil du temps. Nous avons adoré la collection des bouteilles d'eau venues du monde entier, collection encore alimentée par les employés de l'entreprise.

On peut aussi voir l'évolution graphique des bouteilles qui sont, aujourd'hui, facilement reconnaissables par leur forme et leur bouchon assez gros pour une bonne prise en main, pensé pour faciliter la vie des personnes âgées. Des collections dites « prestige » ont été créées pour les grands restaurants où l'eau vertueuse est très sollicitée.

Adresse ZAC de Château-Grenouille, 70240 Velleminfroy, www.velleminfroy.fr | **Accès** Prendre N19, direction Vesoul ou Lure, le showroom se trouve sur la nationale. Musée et source : traversez le village de Velleminfroy jusqu'à sa sortie, en suivant les indications dans le village | **Horaires d'ouverture** Musée et restaurant ouverts de mi-février à mi-octobre le samedi soir et le dimanche midi sur réservation | **À savoir** Allez voir l'abbaye de Bithaine, abbaye cistercienne du XIIe siècle située au bord de la rivière la Colombine.

108 La Motte de Vesoul
La tour Eiffel des Vésuliens

Les Vésuliens aiment dire que c'est un peu leur tour Eiffel. Comme un phare dans la nuit, la Motte est leur repère. Et on comprend pourquoi, bien que la raison de sa construction soit assez tragique.

La Motte est une colline qui culmine à 371 mètres sur un massif de calcaire. Pour accéder au sommet, il vous faudra suivre un chemin goudronné qui fait chauffer les mollets et qui est ponctué de croix retraçant le chemin de Jésus jusqu'à sa crucifixion. Une fois arrivé au bout de ce chemin, vous n'aurez qu'à lever les yeux au ciel et admirer le bâtiment qui fait la fierté de la Motte. Une chapelle toute blanche trône fièrement au sommet. Mais avant, attardez-vous sur ce qu'il se passe à vos pieds : une grotte dédiée à la Vierge Marie se trouve à proximité, où chacun peut venir se recueillir et déposer des offrandes. Des croix y sont dressées, comme si elles marquaient l'entrée du sanctuaire. Pour atteindre la Vierge Marie qui domine Vesoul, il vous faudra grimper encore un peu.

Au Moyen Âge, on trouvait sur la Motte un château entouré de maisons et de vignes. Au XVIIIe siècle, une immense croix en métal fut érigée pour protéger les vignobles de la foudre ; le vin étant très apprécié des ducs de Bourgogne, il fallait le préserver. La chapelle, elle, fut bâtie en 1854 pour remercier la Vierge d'avoir protégé la ville de l'épidémie de choléra qui sévissait à l'époque. Elle fut bénie par le cardinal Césaire Mathieu, et est encore aujourd'hui un lieu de pèlerinage.

Depuis le sommet de la Motte, on profite d'une vue à presque 360 degrés. D'un côté, on peut apercevoir le lac de Vaivre, lieu prisé par les familles aux beaux jours, et de l'autre côté, une superbe vue sur la ville tout entière. On distingue aussi les montagnes du Jura, les Vosges et, si vous avez de la chance et que la météo est clémente, les Alpes. Une table d'orientation faite par le sculpteur Panaget se trouve tout en haut et, sur place, vous trouverez aussi un observatoire astronomique malheureusement abandonné.

Adresse La Motte, 70000 Vesoul | **Accès** Prendre A31 sortie Besançon-Centre/Vesoul puis N57 sortie Vesoul-Centre, suivre la direction de la Motte | **À savoir** Allez chercher du bon café à la brûlerie Doillon, véritable coffee shop.

109 — Le MUR et l'ECAU
Boosteur de création artistique

Connaissez-vous le MUR ? Cette initiative a pourtant gagné de nombreuses villes en France et même plusieurs destinations internationales. Depuis 2003, l'association Le MUR (Modulable, Urbain, Créatif), fondée à Paris, offre aux artistes urbains un mur d'expression sur lequel les œuvres se succèdent.

À Vesoul, c'est l'ECAU (Espace d'Art Contemporain et Urbain de Haute-Saône, fondé par Marjorie Szymanski) qui a mis en place un MUR en partenariat avec l'association parisienne. Créé en 2019, le MUR Vesoul est le 31e du nom, sur les 37 qui existent actuellement en France et à l'étranger. En revanche, il est le premier MUR créé en Bourgogne-Franche-Comté. Grâce au soutien de la ville et de l'ECAU, une des plus grosses structures soutenant l'art urbain en France, les artistes qui changent tous les deux mois bénéficient d'une vitrine exceptionnelle pour aller à la rencontre du public et exposer leur art. En effet, ils ne réalisent pas seulement une œuvre sur le MUR : le public est aussi invité à découvrir leurs travaux lors d'une exposition gratuite, un « solo show », dans un espace dédié de 120 mètres carrés. Croquis préparatoires, dessins, toiles, on peut ainsi voir la partie plus secrète du travail de street artist. Dénicheuse de talents émergents, la structure leur permet de se faire connaître par la suite auprès de galeries professionnelles, ou de les intégrer sur d'autres actions culturelles et résidences. Souvent, les artistes rémunérés pour leurs créations sur le MUR exposent pour la première fois de leur carrière.

Sur l'année, c'est six murs qu'il est possible de découvrir, six œuvres mises gratuitement à disposition dans l'espace public par six artistes émergents français (trois hommes, trois femmes). C'est toujours un plaisir de pouvoir observer l'artiste réalisant sa performance sur un mur de 4 mètres par 10, de regarder comment se construit une œuvre qu'on pourra plus tard admirer, lors de nos balades urbaines. Une initiative très appréciée qui permet de rajeunir l'image de Vesoul, une ville qui vaut le détour.

Adresse 5 rue du Commandant-Girardot, 70000 Vesoul, www.facebook.com/espacecontemporaindarturbain | **Accès** Prendre A31 sortie Besançon-Centre/Vesoul puis N57 sortie Vesoul-Centre | **À savoir** Amateurs de street art, découvrez aussi les MUR d'Épinal, Dijon et Mulhouse.

VESOUL

110 The Coffee Song
Un lieu, deux passions

Quoi de plus agréable qu'une promenade rue du Breuil, sous le soleil de la belle Vesoul. On entend de la musique, on prend plaisir à regarder les vitrines des petits commerces indépendants qui jalonnent la rue et à admirer les décorations estivales installées par la mairie. Le moment est idéal : et si on s'arrêtait boire un café ?

En poussant la porte de The Coffee Song, vous pénétrez dans l'univers d'Arnaud, un grand amoureux des choses qui sortent de l'ordinaire. Originaire de la région, il a travaillé de nombreuses années pour Peugeot avant qu'une escapade à Lyon ne lui donne l'envie de changer de voie. Après avoir découvert la jolie boutique d'un disquaire au cours de ses pérégrinations, puis une célèbre chaîne de café à emporter, il a l'idée de se lancer à son tour et de créer son lieu propre en mixant vente de café et vente de disques. C'est ainsi qu'est né, au cœur de Vesoul, The Coffee Song, disquaire et coffee shop installé dans une ancienne boutique de jouets.

Profitez d'une visite dans ce lieu atypique pour boire un bon café (ou un Chaï tea latte, notre préféré) accompagné d'une pâtisserie faite maison, dans une ambiance musicale sélectionnée par Arnaud. Des expositions temporaires d'artistes locaux (photo, sculpture, peinture…) peuvent être admirées et vous trouverez des vinyles et des CD, neufs et vintages, quel que soit votre style de musique – en parcourant les bacs, nous avons découvert quelques pépites qui devraient se plaire sur les platines de nos salons ! Ponctuellement, des concerts sont organisés, et le vendredi soir, on y partage une planche fromage-charcuterie entre amis. Un lieu où l'on vient autant pour la bonne musique que pour le bon café !

Arnaud, en véritable passionné – il collectionne lui-même les albums électro/trip hop de 98 –, propose aussi des objets plus rares et de belle qualité pour les collectionneurs chevronnés (coffrets vinyles thématiques, intégrales…) Et si vous ne pouvez pas vous déplacer, il est possible de commander en ligne !

Adresse 27 rue du Breuil, 70000 Vesoul, www.the-coffee-song.com | **Accès** Prendre A31 sortie Besançon-Centre/Vesoul puis N57 sortie Vesoul-Centre | **Horaires d'ouverture** Ouvert du mercredi au vendredi de 11 h à 20 h (23 h le vendredi) et le samedi de 10 h à 19 h | **À savoir** Si avant ou après votre café vous recherchez une bonne adresse pour vous restaurer, nous vous conseillons vivement La Femme du Boulanger au 1 rue du Commandant-Girardot.

VILLARDS-D'HÉRIA

111 Le lac d'Antre

Surplombez les vestiges antiques du passé

Caché au milieu d'une forêt d'épicéas, le lac d'Antre vous séduira par sa tranquillité et son atmosphère sauvage. C'est un vrai havre de nature dans un cirque rocheux. À plus de 800 mètres d'altitude, ce lac d'origine naturelle surplombe la vallée d'Héria. S'il est difficile d'en faire vraiment le tour car son niveau d'eau peut rendre le chemin impraticable, il vous sera facile de monter jusqu'au belvédère depuis le bord du lac. Comptez une dizaine de minutes à pied. Le belvédère est situé au sommet d'une falaise de 960 mètres, surnommée « la Roche d'Antre » – le panorama est à couper le souffle.

Depuis tout là-haut, vous aurez une vue magnifique sur le lac dont la forme ressemble à un cœur presque parfait ! Si le temps est dégagé, vous verrez au loin les cimes du massif du Mont-Blanc – si ce n'est pas le cas, vous pourrez toujours admirer les monts jurassiens. Quelques scènes du film *Le renard et l'enfant* de Luc Jacquet, sorti en 2007, ont été tournées ici.

Outre la beauté du lac et des panoramas, ce lieu est chargé d'histoires : on dit même qu'une cité antique se trouverait sous le lac – mais ça, c'est pour la partie légende. Ce qu'on sait en revanche, c'est qu'il y a bien eu une vie à l'Antiquité ici, lorsque la Franche-Comté portait le nom de Séquanie. Il s'agirait même d'un des sites archéologiques les plus anciens de France. Le sanctuaire de Villards-d'Héria est daté entre le Ier et le IIIe siècle après Jésus-Christ. Des vestiges de plusieurs sites ont été retrouvés, comme des temples circulaires et rectangulaires, des colonnes, une fontaine. Des blocs de pierre avec des inscriptions confirment que le lieu était sacré, dédié au culte des dieux Mars et Bellone. Des restes de piscines montrent qu'elles étaient un lieu de pèlerinage. Les fidèles se baignaient dans l'eau sacrée bénie des dieux.

D'ailleurs, vous apercevrez aussi le pont des Arches, qui permettait aux eaux de la Héria de s'écouler pour alimenter les thermes romains et, un peu plus tard, le village de Villards-d'Héria.

Adresse Lac d'Antre, 39260 Villards-d'Héria | **Accès** Prendre A39 direction Lons-le-Saunier puis D52 et D460 direction Moirans-en-Montagne, prendre la D470E et D297 vers la route du lac d'Antre | **À savoir** Visitez le site archéologique au 20, rue du Pont-des-Arches à Villards-d'Héria pour voir les vestiges retrouvés de cette cité antique.

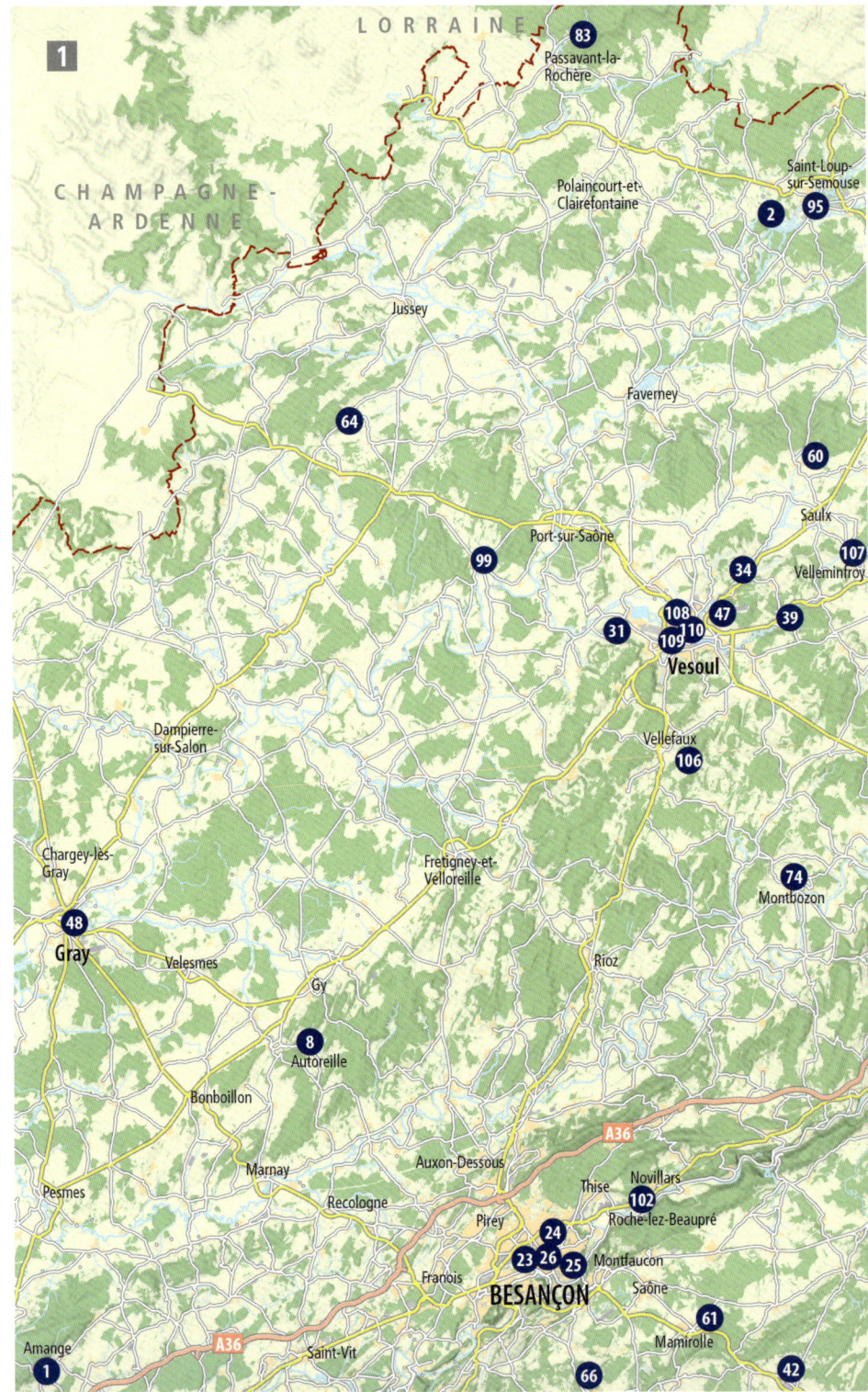

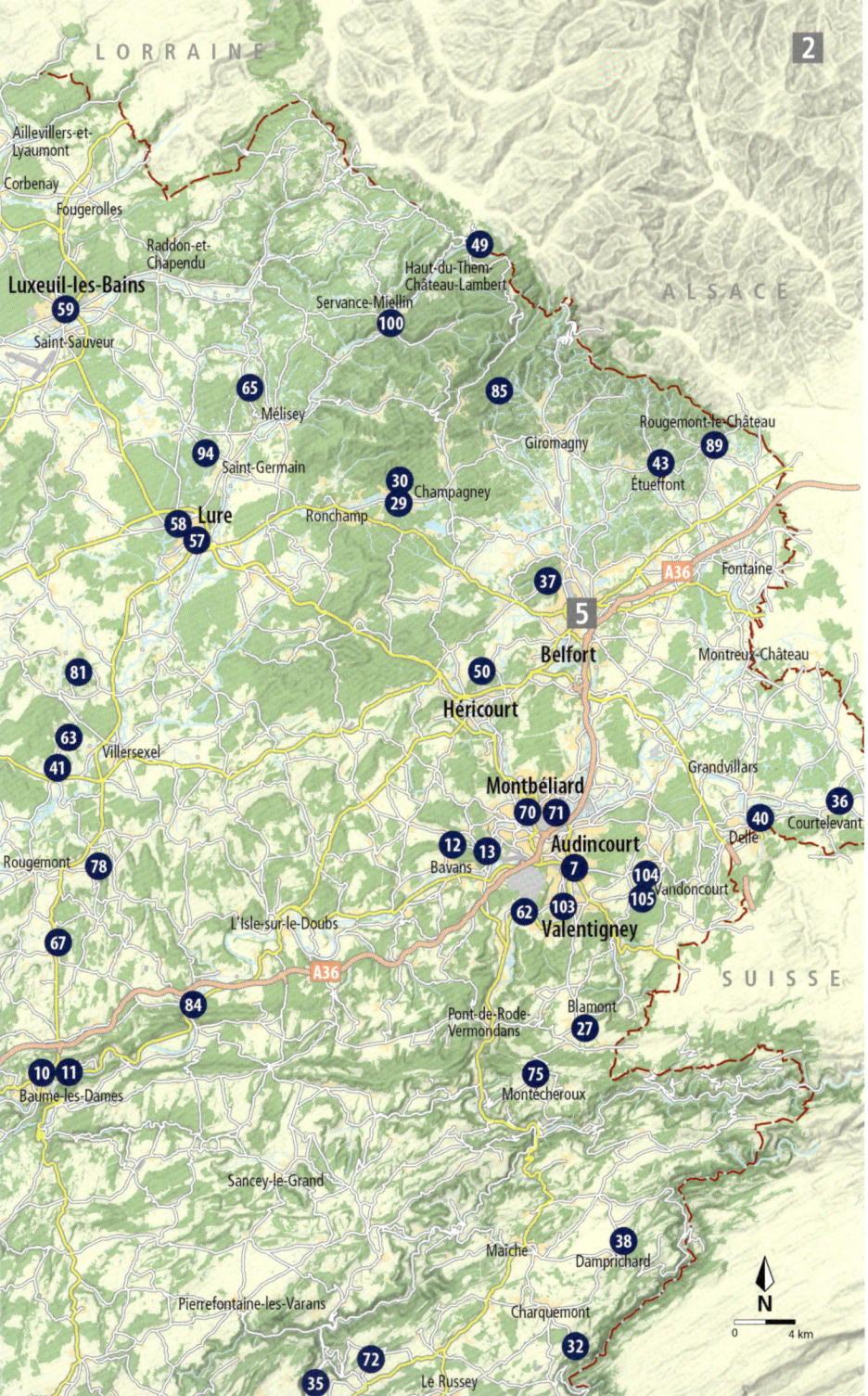

Sophie Nicolas
111 Lieux en Alsace
à ne pas manquer
ISBN 978-3-7408-0698-9

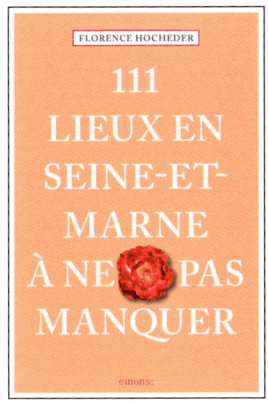

Florence Hocheder
111 Lieux en Seine-et-Marne
à ne pas manquer
ISBN 978-3-7408-1050-4

Daniel Moirenc
111 Lieux en Provence
à ne pas manquer
ISBN 978-3-7408-0699-6

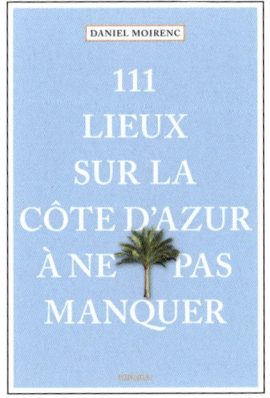

Daniel Moirenc
111 Lieux sur la Côte d'Azur
à ne pas manquer
ISBN 978-3-7408-0700-9

Evelyn Pschak von Rebay
**111 Lieux dans les Pyrénées
à ne pas manquer**
ISBN 978-3-7408-0809-9

Thibaut Bernardin
**111 Lieux à Strasbourg
à ne pas manquer**
ISBN 978-3-7408-1022-1

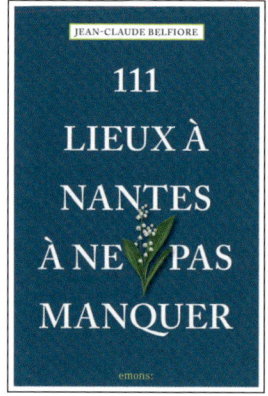

Jean-Claude Belfiore
**111 Lieux à Nantes
à ne pas manquer**
ISBN 978-3-7408-1052-8

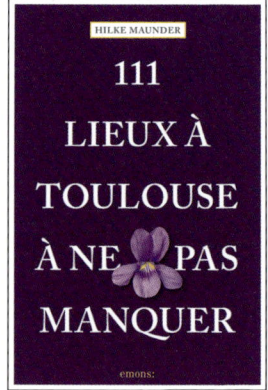

Hilke Mauder
**111 Lieux à Toulouse
à ne pas manquer**
ISBN 978-3-7408-1055-9

Remerciements

Cécile Armanger
Merci à mes parents de m'avoir donné, dès ma plus tendre enfance l'envie de découvrir les beautés de la nature et du patrimoine. Merci à mon barbu de continuer à explorer avec moi. Merci aux lecteurs du blog de nous suivre depuis toutes ces années et sans qui ce guide n'aurait pas vu le jour. Merci à mes collègues d'avoir creusé leurs méninges durant nos nuits de travail pour m'aider à trouver de chouettes lieux.

Lucie Mauffrey
Merci aux gens qui ont fait de ce rêve de jeunes blogueuses une réalité, évoquée en rigolant en octobre 2012 sur les banquettes de la Voile Sucrée, alors qu'*À la conquête de l'Est.* n'existait pas encore. À Cécile qui nous pousse toujours plus loin dans les projets les plus fous et qui me montre que tout est possible. À mon homme qui sublime nos mots de ses images si jolies, et prend de son temps pour me suivre dans mes folles escapades. À ma famille et mes amis de me soutenir dans ce hobby si prenant, en m'accompagnant, ou en comprenant si parfois je suis moins présente. Et à tous ces gens passionnés qu'on rencontre, qui nous font rêver, et qui nous motivent toujours plus à vouloir promouvoir nos régions, qui nous sont chères.

Cécile Amarger est tombée immédiatement amoureuse de sa région d'adoption, la Franche-Comté. Infirmière, elle aime passer son temps libre à randonner et parcourir les territoires proches de chez elle pour en faire profiter son entourage, les lecteurs de son blog, et échanger avec eux sur les réseaux sociaux.

Lucie Mauffrey aime partir à la découverte des trésors de sa région et rencontrer les passionnés qui font vivre la Franche-Comté. Chargée de communication et geek à ses heures perdues, elle aime aussi parfois délaisser son écran pour parcourir les brocantes et se balader en forêt. Fervente défenseuse de sa région, elle aime partir à la découverte de la France et du reste du monde, mais revient toujours à ses racines.

Étienne Kopp a toujours un appareil photo vissé au visage. Ce photographe de métier vit dans un monde de pixels et d'images et évolue au rythme de ses contrats : tantôt mariages, tantôt portraits, il s'est passionné pour les belles rencontres humaines à travers la photographie.